LE JEU

DES ECHECS

par le CALABROIS.

LE JEU
DES ECHECS

TRADUIT DE L'ITALIEN

De GIOACHINO-GRECO

DIT LE CALABROIS,

NOUVELLE ÉDITION.

PARIS.

Chez DELARUE, Libraire, quai des Augustins, 11;

LILLE, chez BLOCQUEL-CASTIAUX.

1843

LILLE. — IMPRIMERIE DE BLOCQUEL-CASTIAUX.

NOTICE SUR LE CALABROIS.

GIOACHINO-GRECO, *plus connu sous le nom de* Calabrois, *vivait vers l'an* 1640 *, c'était le plus habile joueur d'échecs de son temps.*

Il parcourut inutilement toutes les cours de l'Europe pour trouver son pareil. Le duc de Némours, Arnauld-le-Carabin, Chaumont de la Salle, les trois plus fameux joueurs de la cour de France, voulurent se mesurer avec ce champion et furent vaincus.

On a de lui les règles du jeu qu'il aimait tant, et les différentes manières qu'il employait pour battre ses adversaires (1). *Cet ouvrage a toujours été recherché par les amateurs du jeu des échecs qui y trouvent de nombreux et utiles enseignements.*

---

(1) Le volume que nous publions est la traduction du livre de *Gioachino-Greco*, dont l'édition originale est en italien (*note de l'éditeur*).

NOMS DES FIGURES

employées pour représenter la situation des pièces

Dans les fins de partie.

PIECES BLANCHES.			PIECES NOIRES.
	....ROI....		
	...DAME...		
	....FOU ...		
	.CAVALIER.		
	..TOUR...		
	....PION....		

ABRÉVIATIONS EMPLOYÉES DANS CE VOLUME.

R Signifie Roi *ou* le Roi.

D — Dame *ou* la Dame.

F — Fou *ou* le Fou.

C — Cavalier *ou* le Cavalier.

T — Tour *ou* la Tour.

P — le Pion.

bl. — blanc *ou* blanche.

c. — case.

cou. — couvre.

d — de *ou* du.

don. — donne.

éch. — échec.

g. — gagne *ou* gagnera.

l — la *ou* le

m. Signifie mat.

n. — noir *ou* noire.

p. — pion.

po. — pousse.

pr. — prend.

s — sa *ou* son.

Les chiffres précédés des mots *à la* ou *à sa* indiquent la case, soit deuxième, troisième, etc.; ceux qui ne sont pas précédés de ces mots, indiquent le nombre de cases dont la pièce doit avancer.

EXEMPLES.

C d R à l. c. d l D n. et don. éch. d F d s R.

EXPRIME

Le Cavalier du Roi à la case de la Dame noire, et donne échec du Fou de son Roi.

P pr. le p. d C d l D n.

EXPRIME

Le Pion prend le pion du Cavalier de la Dame noire.

F d l D à la 4. c. d C d R bl.

EXPRIME

Le Fou de la Dame à la quatrième case du Cavalier
du Roi blanc.

————————

P d F d R 2. c.

EXPRIME

Le Pion du Fou du Roi avance deux cases.

PRINCIPES

DU

JEU DES ECHECS,

PAR LE

Traducteur de l'ouvrage du Calabrois.

C'est assez du titre que ce livre porte, pour faire avouer à tous ceux qui savent le jeu des Echecs, que ce livre ne se peut trop estimer, et que de tous les auteurs les plus fameux qui ont écrit la manière de jouer aux Echecs, il n'y en a pas un qui ait jamais traité cette matière avec plus de science que le Calabrois l'a traitée. Il composa ce livre pour une personne de condition, à laquelle même il le dédia ; mais il fallait indubitablement que cette personne-là eût une teinture raisonnable du jeu des Echecs, puisque l'on ne trouve, ni dans les copies, ni même dans l'original de ce livre, aucun endroit, où ce célèbre auteur ait marqué le nombre des Echecs, leur marche, et leur situation sur l'Echiquier. Mais, comme il peut arriver que plusieurs personnes qui liront cette traduction, n'auront pas cette connaissance, sans

2

laquelle il est impossible d'apprendre à bien jouer, j'ai cru qu'il était absolument nécessaire de mettre au commencement de cet ouvrage, une instruction des principes de ce jeu, afin d'en donner une plus facile intelligence. Je ne m'amuserai point à rechercher, si les premiers auteurs de ce jeu ont été les Grecs, ou les Maures, ou le roi Xerxès, ou Xerxès le philosophe, ou bien quelques autres à qui l'on en attribue l'invention ; je me contenterai seulement de dire avec toute la briéveté que je me suis prescrite, ce qu'il faut de nécessité savoir pour se servir utilement de ce traité.

Il y a au jeu des Echecs seize pièces blanches d'un côté, et seize pièces noires de l'autre. De ces seize pièces il y en a huit grandes et huit petites. Les grandes sont le Roi, la Reine ou la Dame, les deux Fous, savoir le Fou du Roi et le Fou de la Dame, les deux cavaliers, l'un du Roi, l'autre de la Dame, et les deux Rocs ou Tours du Roi et de la Dame. Ces huit grandes pièces se mettent sur les huit cases de la première ligne de l'Echiquier, lequel doit être disposé de telle sorte, que la dernière case à main droite, où se met la Tour, soit blanche.

Les huit petites pièces sont les huit pions qui occupent les cases de la seconde ligne : les pions prennent leurs noms des grandes pièces devant lesquelles ils sont placés. Par exemple, le pion qui est devant le Roi se nomme le pion du Roi; celui qui est devant la Dame se nomme le pion de la Dame; le pion qui est devant le Fou du Roi ou le Fou de la Dame, le cavalier du Roi, ou le cavalier de la Dame, la Tour du Roi, ou la Tour de la Dame, s'appelle le pion du Fou du Roi, le pion du Fou de la Dame, le pion du cavalier du Roi, le pion du cavalier de la Dame, le pion de la Tour du Roi, le pion de la Tour de la Dame.

L'on appelle la case où se met le Roi, la case du Roi; l'on nomme celle où est son pion, la deuxième case du Roi, celle qui est devant le pion est appelée la troisième case du Roi, et l'autre plus avancée la quatrième case du Roi. Il en est de même de toutes les cases de la première ligne, qui retiennent le nom de chacune des grandes pièces qui les occupent, comme aussi des autres cases qui portent celui de deuxième, troisième et quatrième case de la Dame, du Fou du Roi, du Fou de la Dame, et ainsi des autres.

Le Roi est la première et la principale pièce du jeu : il se met au milieu de la première ligne. Si c'est le Roi blanc, il occupe la quatrième case noire; si c'est le Roi noir, il se place à la quatrième case blanche, vis-à-vis l'un de l'autre. Sa marche est comme celle de toutes les autres pièces, excepté celle du cavalier. Le Roi ne fait jamais qu'un pas à la fois , si ce n'est quand il saute , alors il peut sauter deux cases , et cela de deux manières seulement (toutes les autres manières n'étant point en usage) savoir ou de son côté, ou du côté de sa Dame. Quand il saute de son côté , il se met à la case de son cavalier , et sa Tour se met auprès de lui , a la case de son Fou ; et quand il saute du côté de sa Dame , il se met à la case du Fou de sa Dame, et la Tour de sa Dame à la case de sa Dame. Il y a cinq rencontres où le Roi ne peut sauter. La première, c'est lorsqu'il y a quelque pièce entre lui et la Tour, du côté de laquelle il veut aller. La seconde , quand cette Tour là a déjà été remuée. La troisieme, lorsque le Roi a été obligé de sortir de sa place. La quatrième, quand il est en échec ; et la cinquième, lorsque la case , par-dessus laquelle il veut sauter, est vue de quelque pièce de son ennemi , qui lui donnerait échec en passant. Encore que les Rois aient le pouvoir d'aller sur toutes les cases , toutefois ils ne peuvent jamais se joindre, il faut tout au moins qu'il y ait une case de distance entre eux.

La Dame blanche se met à la quatrième case blanche, joignant la gauche de son Roi. La Dame noire se place à la quatrième case noire, à la droite de son Roi. La dame va droit , et de biais comme le pion, le Fou et la Tour. Elle peut aller d'un seul coup, d'un bout de l'Echiquier à l'autre, pourvu que le chemin soit libre. Elle peut aussi prendre de tous côtés, de long, de large et de biais, de près et de loin, selon que la nécessité du jeu le requiert.

Les Fous sont placés l'un auprès du Roi, et l'autre près de la Dame, leur marche est seulement de biais; de sorte que le Fou qui est une fois sur une case blanche, va toujours sur le blanc, et le Fou dont la case est noire, ne marche jamais que sur le noir. Ils peuvent aller et prendre, à droite et à gauche, et reculer de même tant qu'ils trouvent du vide.

Les Cavaliers sont postés, l'un auprès du Fou du Roi, l'autre joignant le Fou de la Dame. Leur mouvement est tout-à-fait différent des autres pièces. Leur marche est oblique, allant toujours de trois cases en trois cases, de blanc en noir, et de noir en blanc, sautant même par-dessus les autres pièces. Le cavalier du Roi a trois sorties, savoir à la deuxième case de son Roi, ou à la troisième case du Fou de son Roi, ou bien à la troisième case de sa Tour. Le Cavalier de la Dame peut aussi commencer par trois endroits différents, par la deuxième case de sa Dame, par la troisième case du Fou de sa Dame, et par la troisième de sa Tour, cela s'entend si les cases sont vides : si elles étaient néanmoins occupées par quel-

2*

que pièce de son ennemi , il a le pouvoir de les prendre. Le cavalier a deux avantages qui lui sont particuliers : le premier, est que quand il donne éc hec, le Roi ne peut être couvert d'aucune pièce, et est contraint de marcher : le second , c'est qu'il peut entrer dans un jeu , et en sortir, quelque serré et défendu qu'il puisse être.

Les Tours sont situées aux deux extrémités de la ligne, à côté des Cavaliers. Elles n'ont qu'un seul mouvement, qui est toujours droit ; mais elles peuvent aller d'un coup , sur toute la ligne qui est devant elles, ou sur celle qui est à leur côté, et prendre la pièce qu'elles trouvent en leur chemin. La Tour est la pièce la plus considérable du jeu, après la Dame ; parce qu'avec le Roi seul , elle peut donner échec et mât , ce que ne sauraient faire ni le Fou , ni le Cavalier.

Les huit pions se placent sur les huit cases de la deuxième ligne , leur mouvement est droit, de case en case, ils ne vont jamais de biais , si ce n'est pour prendre quelque pièce. Ils ont le pouvoir d'aller deux cases , le premier coup qu'ils jouent seulement , après quoi ils ne marchent plus que case à case. Quand un pion arrive sur quelqu'une des cases de la dernière ligne de l'Echiquier, qui est la première ligne de son ennemi , alors on en fait une Dame, qui a toutes les démarches , les avantages et les propriétés de la Dame : et si le pion donne échec, il oblige le Roi de sortir de sa place. Il faut de plus remarquer, que le pion ne peut pas aller deux cases. encore que ce soit son premier coup, quand la case qu'il veut passer est vue par quelque pion de son ennemi. Par exemple, si le pion du cavalier du Roi blanc est à la quatrième case du cavalier du Roi noir, le pion du Fou du Roi noir ne peut pas pousser deux cases, parce qu'il passerait par-dessus la case qui est vue par le pion du Cavalier du Roi blanc, qui pourrait le prendre au passage. L'on en peut dire autant de tous les autres pions ; néanmoins le contraire se pratique quelquefois, et principalement en Italie, où l'on appelle cette façon de jouer passer bataille.

La manière dont les pièces de ce jeu se prennent l'une l'autre, n'est pas en sautant par-dessus, comme aux Dames poussées, ni en battant simplement les pièces, comme l'on bat les Dames au Trictrac ; mais il faut que la pièce qui prend, se mettent à la place de celle qui est prise, en ôtant la dernière de dessus l'Echiquier.

Echec est un coup qui met le Roi en prise, mais comme par le principe de ce jeu, il ne se peut prendre, ce mot se dit pour l'avertir de quitter la case où il est, ou de se couvrir de quelqu'une de ses pièces ; car en cette rencontre, il ne peut pas sauter, comme nous avons dit ci-dessus. L'on appelle échec double quand le Roi le reçoit en même temps de deux pièces, alors il ne s'en peut parer qu'en changeant de place, ou bien en prenant l'une des deux pièces, sans se mettre en échec de l'autre. Le pât ou mât suffoqué; c'est quand le Roi, n'ayant plus de pièce qui se puisse jouer, et se trouvant environné des pièces ennemies, sans être en échec, il ne peut pourtant changer de place sans s'y mettre : auquel cas on n'a ni perdu ni gagné, et le jeu se doit recommencer. L'Echec et mât aveugle est ainsi appelé, lorsque l'un des joueurs gagne sans le savoir et sans le dire au moment qu'il le donne, alors quand on joue à toute rigueur, il ne gagne que la moitié de ce que l'on a mis au jeu. Enfin l'échec et mât est ce qui finit le jeu; lorsque le Roi se trouve en échec dans la case où il est, qu'il ne peut sortir de sa place sans se mettre encore en échec, et qu'il ne saurait se couvrir d'aucune de ses pièces ; c'est pour lors qu'il demeure vaincu, et qu'il est obligé de se rendre.

Entre plusieurs et différentes manières de jouer, que le Calabrois a composées, il y en a une où, après avoir poussé le pion du Roi 2 cases, il fait aller ensuite le pion du Fou du Roi 2 cases. Il y en a encore une autre, où le premier coup qu'il joue, il avance le pion de la Dame 2 cases, et après le pion de son Fou 2 cases, lesquelles sortes de jeu il appelle *Gambeto*. Mais comme il est impossible de trouver aucune signification de ce mot, qui puisse justement cadrer à mon sujet, j'ai été obligé de l'habiller à la française et de l'appeler Gambit, ainsi qu'il est en usage, et qu'il se nomme par tous ceux qui savent et pratiquent ce jeu.

Peut-être que quelqu'un trouvera mauvais, de ce que je n'ai pas gardé le même ordre que le Calabrois a tenu, y ayant des manières de jouer au commencement de son livre, qui sont à la fin de ma traduction. Pour répondre à cela, je dirai que quand je n'ai pas suivi cet ordre, ça été seulement, lorsque j'ai mis à part toutes les manières de jouer le Gambit, que le Calabrois a écrites en beaucoup de différents endroits de son livre; et qu'en faisant de toutes ces règles du Gambit un livre séparé, qui est le second livre de cette traduction, le premier contenant toutes les autres manières de jouer, j'ai cru donner au lecteur un moyen si facile de trouver toutes les règles de ce jeu, qu'il n'ait pas même besoin de table pour les chercher.

MANIERE
DE JOUER AUX ÉCHECS.

LIVRE PREMIER.

Première Manière de jouer.

BLANC.	NOIR.
1. Po. l. p. du R 2. c.	Po. l. p. d R 2 c.
2. C du R à la 3. c. de s F.	C dl D à l. 3. c. de s F.
3. F du R à l. 4. c. du F de s D.	F du R à l. 4. c. d F de s D.
4. P d F d. l D 1. c.	C d R à l. 3. c. d. s F.
5. P d l D 2. c.	P. du R pr. le p. de la D bl.
6. P. pr. l. p. n.	F d R don. éch. à l. 4. c. d C d. l. D. bl.
7. C de la D cou. l'éch. à l. 3. c. de s F.	C d R pr. l. p. d R bl.
8. R saute.	C du R pr. le C de la D bl.
9. P pr. l C d R n.	F du R pr. le p. bl. à la 3. c. d F d l D bl.
10. D à l. 3. c. d. s. C.	F du R pr. la T de la D bl.
11. F d R pr. l. p. d F d R n., et don. éch.	R à l. c. d. s. F.

BLANC.	NOIR.
12. F de la D à la 4. c. du C du R n.	C de la D à la 2. c. de s R.
13. C d R à l. 4. c. d R n.	F du R pr. la p. bl. à la 4. c. d l D bl.
14. F du R à la 3. c. d C du R n.	P de la D 2. c. pour emp. l'éch. et m.
15. D don. éch. à l. 3. c. d F de s R.	F de la D cou. à la 4. c. d F d R.
16. F d R pr. l F d l D n.	F d R pr. l C d R bl.
17. F d R à l. 3. c. d R n., et don. éch. d s D.	F d R cou. à s. 3. c.
18. F d l D pr. l F d R n.	P pr. l F d l D bl
19. D pr. l. p. n , et don. éch. à l. 3 c. d F d R n.	R à s. c.
20. D don. éch. et m. à l. 2. c. d F d R n.	

Seconde Manière de jouer.

BLANC.	NOIR.
1. Po. le p. d R 2 c.	Fait de même.
2. C d R à la 3. c. de s F.	C d l D à la 3. c. d s F.
3. F d R à la 4. c. d F d s D.	De même.
4. P d F de la D 1. c.	C d R à la 3. c. de s F,
5. P d l D 2. c.	P d R pr. le p. d la D bl.
6. P pr. le p. n.	F d R don. éch. à la 4. c. d C d l D bl.
7. C d l D cou. à l. 3. c. d s F.	C d R pr. le p. d R bl.
8. R saute.	C d R pr. le C d la D bl.
9. P pr. l C d R n.	F d R pr. le p. bl. à la 3. c. d F d l D bl.
10. D à la 3. c. de s C.	F d R pr. l T d l D bl.

BLANC.	NOIR.
11. F d R pr. l P d F d R n., et don. éch.	R à l c. de s F.
12. F d l D à l. 4. c. d C d R n.	C d l D à la 2. c. d s R.
13. C d R à la 4. c. d R n.	P d l D 2. c.
14. D à la 3. c. d F d s R.	F d l D à la 4. c. d F d s R.
15. F d R à la 3. c. d R n.	P d C d R 1. c.
16. F d l D don. éch. à la 3. c. d l T d R n.	R à sa c.
17. F d R don. éch. et m. à l. 2. c. d F d R n.	

Troisième Manière de jouer.

BLANC.	NOIR.
1. P d R 2. c.	De même.
2. C d R à la 3. c. d s F.	C d l D à la 3. c. d s F.
3. F d R à la 4. c. d F d s D.	De même.
4. P d F d l D 1. c.	C d R à la 3. c. d s F.
5. P d l D 2. c.	P d R pr. le p. d l D bl.
6. P pr. le p. n.	F d R don. éch. à la 4. c. d C d l D bl.
7. C d l D cou. à l. 3. c. d s F.	C d R pr. le p. d R bl.
8. R saute.	C d R pr. l C d l D bl.
9. P pr. l C d R n.	F d R pr. le p. bl. à l. 3. c. d F d l D bl.
10. D à la 3. c. d s C.	F d R pr. l T d l D bl.
11. F d R pr. le p. d F d R n., et don. éch.	R à la c. d s F.

BLANC.	NOIR.
12. F d l D à la 4. c. d C d R n.	C d l D pr. le p. à l. 4. c. d l D bl.
13. D don. éch. à la 3. c. d s T.	R pr. l F d R bl.
14. F d l D pr. l D n.	T pr. l F bl.
15. T pr. le F n.	C d l D à la 2. c. d F d l D bl.
16. D don. éch. à la 3. c. d s C.	R à la c. d s F.
17. D pr. l C d l D n., et gag.	

Quatrième Manière de jouer.

BLANC.	NOIR.
1. P d R 2 c.	De même.
2. C d R à la 3. c. d s F.	C d l D à la 3. c. d s F.
3. F d R à la 4. c. d F d s D.	F d R à la 4. c. d F d s D.
4. P d F d l D 1. c.	C d R à la 3. c. d s F.
5. P d l D 2. c.	P d R pr. le p. d l D bl.
6. P pr. le p. n.	F d R don. éch. à l. 4. c. d C d l D bl.
7. C d l D cou. à l. 3. c. d s F.	C d R pr. le p. d R bl.
8. R saute.	C d R pr. le C d l D bl.
9. P pr. l C d R n.	F d R pr. le p. bl. à l. 3. c. d F d l D bl.
10. D à la 3. c. d s C.	F d R pr. le p. bl. à l. 4. c. d l D bl.
11. F d R pr. le p. n., et don. éch. à la 2. c. d F d R n.	R à la c. d s F.
12. F d l D à la 4. c. d C d R n.	F d R à l. 3. c. cou. s D.
13. T d l D à la c. d s R.	C d l D à la 2. c. d s R.

BLANC.	NOIR.
14. F d R à la 4. c. d la T d R n.	C d l D à la 3. c. d C d s R.
15. C d R à la 4. c. d R n.	C d l D pr. l C bl.
16. T pr. l C n.	P d C d R 1. c.
17. F d l D don. éch. à l. 3. c. d l T d R n.	F d R cou. à la 2. c. d C d s R.
18. T don. éch. à la 4. c. d F d R n.	P d C d R pr. la T bl.
19. D don. éch. et m. à l. 2. c. d F d R n.	

Cinquième Manière de jouer.

BLANC.	NOIR.
1. P d R 2. c.	De même.
2. C d R à la 3. c. d s F.	C d l D à la 3. c. d s F.
3. F d R à la 4. c. d F d s D.	De même.
4. P d F d l D 1. c.	C d R à la 3. c. d s F.
5. P d l D 2. c.	P d R pr. le p. d l D bl.
6. P pr. le p. n.	F d R don. éch. à la 4. c. d C d l D bl.
7. C d l D cou. à la 3. c. d s F.	C d R pr. le p. d R bl.
8. R saute.	C d R pr. le C d l D bl.
9. P pr. l C d R n.	F d R pr. le p. bl. à la 3. c. d F d l D bl.
10. D à la 3. c. d s C.	F d R pr. le p. bl. à la 4. c. d l D bl.
11. F d R pr. le p. d F d R n., et don. éch.	R à la c. d s F.
12. F d l D à l. 4. c. d C d R n.	F d R à s. 3. c. cou. s D.

BLANC.	NOIR.
13. T d l D à la c. d s R.	C d l D à la 2. c. d s R.
14. F d R à la 4. c. d la T d R n.	P d l D 2 c.
15. *T pr. l C n.	R pr. l T bl.
16. †T don. éch. à l. c. d s R.	R à la c. d s F.
17. D don. éch. à l. 4. c. ds C.	R à la c. d s C.
18. T don. éch. à la c. d R n., pr. l D n., et gag.	

---

† Défense de ce coup.

BLANC.	NOIR.
1. T don. éch. à la c. d s R, comme ci-dessus.	R à la 2. c. d s D.
2. D pr. l. p. d l D bl., et don. éch. et m. à la 4. c. d l. D n.	

---

† Autre défense du même coup.

BLANC.	NOIR.
1. T don. éch. à la c. d s R , comme ci-dessus.	R à la 3. c. d s D.
2. F d l D don. éch. à la 4. c. d F d s R.	R à la 3. c. d F d s D.
3. T don. éch. à la c. d F d s D.	R à la 2. c. d s D.
4. D pr. le p. n., et don. éch. à la 4. c. d l D n.	R à sa 2. c.
5. D don. éch. et m. à la 2. c. d F d R n.	

*Défense d'un autre coup ci-dessus, p. 23.

BLANC.	NOIR.
1. T pr. l C n.	D pr. l T bl.
2. † T d R à la c. d s R.	D à sa 2. c.
3. D don. éch. à l. 4. c. d s C.	R à la c. d s C.
4. T don. éch. à la c. d R n., et gag.	

† Défense de ce coup.

BLANC.	NOIR.
1. T d R à la c. d s R, comme ci-dessus.	F d l D à la 3. c. d s R.
2. C d R à la 4. c. d s D.	F d R pr. l F d l D bl.
3. C pr. l F d l D n., et don. éch.	R à la c. d s C.
4. D pr. le p. d l D n. à la 4. c. d l D n.	P d F d l D l. c.
5. D à la 3. c. d s C.	D à la 3. c. d F d s R.
6. C pr. l F d R n., et don. éch. d s D.	R à la c. d s F.
7. D don. éch. à la 4. c. d s C.	R à la c. d s C.
8. F d R don. éch. à la 2. c. d F d R n.	D pr. l F bl.
9. C pr. l D n., et gag.	

Sixième Manière de jouer.

BLANC.	NOIR.
1. P d R 2. c.	De même.
2. C d R à la 3. c. d s F.	C d l D à la 3. c. d s F.

BLANC.	NOIR.
3. F d R à la 4. c. d F d s D.	De même.
4. P d F d l D 1. c.	C d R à la 3. c. d s F.
5. P d l D 2 c.	F d R à la 3. c. d C d s D.
6. P d l D pr. le p. d R n.	C d R pr. le p. d R bl.
7. D à la 4. c. d l D n.	C pr. le p. d F d R bl.
8. D pr. le p. d F d R n., et donn. éch. et m. à la 2. c. d F d R n., et si le n. n'avait point pris le p. bl., il n'aurait pas été m., et aurait seulem. perdu s C.	

Septième Manière de jouer.

BLANC.	NOIR.
1. P d R 2 c.	De même.
2. C d R à la 3. c. d s F.	C d l D à la 3. c. d s F.
3. F d R à la 4. c. d F d s D.	De même.
4. P d F d l D 1. c.	D à la 2. c. d s R.
5. R saute.	P d l D 1. c.
6. P d l D 2. c.	F d R à la 3. c. d C d s D.
7. F d l D à la 4. c. d C d R n.	P d F d R 1. c.
8. F d l D à l. 4. c. d l T d s R.	P d C d R 2 c.
9. C d R pr. le p. d C d R n.	P pr. l C d R bl.
10. D don. éch. à la 4. c. d l T d R n.	R à la 2. c. d s D.
11. F d l D pr. le p. n. à la 4. c. d C d R n.	D à la 2. c. d C d s R.

BLANC.	NOIR.
12. F d R don. éch. à la 3. c. d R n.	R pr. l F bl.
13. D don. éch. à la c. d R n.	C d R cou. à la 2. c. de s R.
14. P d l D 1. c., et don. éch. et m.	

Huitième Manière de jouer.

BLANC.	NOIR.
1. P d R 2. c.	De même.
2. C d R à la 3. c. d s F.	C d l D à la 3. c. d s F.
3. F d R à la 4. c. d F d s D.	De même.
4. P d F d l D 1. c.	D à la 2. c. d s R.
5. R saute.	P d l D 1. c.
6. P d l D 2. c.	F d R à l. 3. c. d C d s D.
7. F d l D à la 4. c. d C d R n.	P d F d R 1. c.
8. F d l D à la 4. c. d l T d s R.	P d C d R 2. c.
9. C d R pr. le p. d C d R n.	P pr. l C d R bl.
10. D don. éch. à la 4. c. d l. T d R n.	R à la 2. c. d s D.
11. F d l D pr. le p. n. à la 4. c. d C d R n.	D à la c. d F d s R.
12. *F d R à l. 2. c. d F d R n.	P d R pr. le p. d l D bl.
13. D don. éch. et m. à la 4. c. d C d s R.	

* Défense de ce coup.

BLANC.	NOIR.
1. F d R à l. 2. c. d F d R n., comme ci-dessus.	C d l D à la 2. c. d s R.
2. P d l D pr. le p. d R n.	P d l D pr. le p. bl.
3. T don. éch. à la c. d s D.	R à la 3. c. d F d s D.
4. F d R don. éch. à la c. d R n.	R à la 4. c. d F d s D.
5. F d l D don. éch. à la 3. c. d s R.	R à la 4. c. d F d l D bl.
6. P d C d l D 1. c., et don. éch. et m.	

Neuvieme Manière de jouer.

BLANC.	NOIR.
1. P d R 2. c.	De même.
2. C d R à la 3. c. d s F.	C d l D à la 3. c. d s F.
3. F d R à la 4. c. d F d s D.	De même.
4. P d F d l D 1. c.	D à la 2. c. d s R.
5. R saute.	P d l D 1. c.
6. P d l D 2 c.	F d R à la 3. c. d C d s D.
7. F d l D à la 4. c. d C d R n.	P d F d R 1. c.
8. F d l D à la 4. c. d l T d s R.	P d C d R 2 c.
9. C d R pr. l. p. d C d R n.	P pr. le C d R bl.
10. D don. éch. à la 4. c. d l T d R n.	R à la 2. d s D.

BLANC.	NOIR.
11. F d l D pr. le p. n. à l. 4. c. d C d R n.	D à la c. d F d s R.
12. F d R à l. 2. c. d F d R n.	C d l D à la 2. c. d s R.
13. P d l D pr. le p. d R n.	P d l T d R 1. c.
14. F d l D à la 4. c. d l T d s R.	T d R à sa 2. c.
15. *P d l D 1. c., et don. éch. à la 3. c. d R n.	R à la 3. c. d F d s D.
16. F d R don. éch. et m. à la c. d R n., ou bien prendra l D n.	

*Défense de ce coup.

BLANC.	NOIR.
1. P d l D 1. c., et don. éch. à la 3. c. d R n., comme ci-dessus.	R à la c. d s D.
2. P d R 1. c.	P d l D 1. c.
3. D à la 3. c. d F d s R.	P d F d l D 1. c.
4. P d F d l D 1. c.	R à la 2. c. d F d s D.
5. †D à la 3. c. d s T.	R à la c. d C d s D.
6. F d R pr. l C d R n.	D pr. l F bl.
7. F d l D pr. l C n., et gag.	

†Défense de ce coup.

BLANC.	NOIR.
1. D à la 3. c. d s T, comme ci-dessus.	P d F d l D 1. c.
2. P pr. le p. d l D n.	C d l D pr. le p. bl.

BLANC.	NOIR.
3. D à sa 3. c.	T pr. l F d R bl.
4. D pr. le C n. à la 4. c. d. l D n.	T d R à l. 4. c. d F d R n.
5. P 1 c. à la 2. c. d R n.	C pr. le p. bl. à la 2. c. d s R.
6. D don. éch. et m. à la 3. c. d l D n.	

Dixième Manière de jouer.

BLANC.	NOIR.
1. P d R 2. c.	De même.
2. C d R à la 3. c. d s F.	C d l D à la 3. c. d s F.
3. F d R à l. 4. c. d F d s D.	De même.
4. P d F d l D 1. c.	D à la 2. c. d s R.
5. R saute.	P d l D 1. c.
6. P d l D 2. c.	F d R à l. 3. c. d C d s D.
7. F d l D à la 4. c. d C d R n.	P d F d R 1. c.
8. F d l D à la 4. c. d l T d s R.	P d C d R 2 c.
9. C d R pr. le p. d C d R n.	P pr. l C d R bl.
10. D don. éch. à la 4. c. d l. T d R n.	R à la 2. c. d s D.
11. F d l D pr. le p. n. à la 4. c. d C d R n.	D à la c. d E d s R.
12. F d R à l. 2. c. d F d R n.	C d l D à la 2. c. d s R.
13. P d l D pr. le p. d R n.	P d l T d R 1. c.
14. F d l D à la 4. c. d la T d s R.	T d R à sa 2. c.

BLANC.	NOIR.
15. P d l D 1. e., et don. éch. à la 3. c. d R. n.	R à la c. d s D.
16. P 1. c. à la 4. c. d R n.	P d l D 1. c.
17. D à la 3. c. d F d s R.	P d F d l D 1.
18. P d F d l D 1. c.	R à la 2. c. d F d s D.
19. D à la 3. c. d s T.	P d F d l D 1. c.
20. P pr. le p. n.	C d l D à la 4. c. d F d s R.
21. F d l D à la 3. c. d C d s R.	C d l D pr. l F d l D bl.
22. D pr. l C d l D n.	T d R à l. 2. c. d C d s R.
23. D à la 3. c. d s C.	P d l T d R 1. c.
24. *P 1. c. à l. 2. c. d R n.	D pr. l F d R bl.
25. P 1. c., et don. éch. à la 3. c. d l D n.	R à la 2. c. d s D.
26. D don. éch. à la 4. c. d C d l D n.	R à sa 3. c.
27. P 1. c., fait D nouvelle, et don. éch.	D pr. l D bl.
28. D pr. l D n., don. éch., et gag.	

---

*Défense de ce coup.

BLANC.	NOIR.
1. P 1. c. à la 2. c. d R n.	C pr. le p. bl.
2. P 1. c. à la 3. c. d l D n., et don. éch.	R à la 2. c. d s D.
3. D don. éch. à la 3. c. d R n.	R à la c. d s D.
4. P pr. l C n., et don. éch. à la 2. c. d R n.	D pr. le p. bl.

BLANC.	NOIR.
5. T don. éch. à la c. d s D.	F d l D cou. à la 2. c. d s D.
6. D pr. l D n. et don. éch.	R pr. l D bl.
7. F d R pr. le p. n. à la 4. c. d l T d R n.	T d l D à la c. d C d s R.
8. F d R à sa 3. c.	F d l D à sa 3. c.
9. F pr. le F n.	P pr. l F bl.
10. P d C d R 1. c.	T à la 4. c. d C d s R.
11. P d F d R 2. c., et gag.	

Onzième Manière de jouer.

BLANC.	NOIR.
1. P d R 2. c.	De même.
2. C d R à la 3. c. d s F.	C d l D à la 3. c. d s F.
3. F d R à la 4. c. d F d s D.	De même.
4. P d F d l D 1. c.	D à la 2. c. d s R.
5. R saute.	P d l D 1. c.
6. P d l D 2. c.	F d R à l. 3. c. d C d s D.
7. F d l D à la 4. c. d C d R n.	P d F d R 1. c.
8. F d l D à la 4. c. d l T d s R.	P d C d R 2. c.
9. C d R pr. le p. d C d R n.	P pr. l C d R bl.
10. D don. éch. à la 4. c. d l T d R n.	R à la c. d s D.
11. F d l D pr. le p. n. à la 4. c. d C d R n.	C d R à la 3. c. d s F cou. s D.
12. D à la 3. c. d l T d R n.	T d R à la c. d F d s R.
13. P d F d R 2. c.	P d R pr. le p. d l D bl.

BLANC.	NOIR.
14. P d R 1. c.	P pr. le p. d F d l D bl., et don. éch. d F d s R.
15. R à la c. d s T.	P pr. le p. d C d l D bl.
16. *P pr. le C d R n.	P pr. l T d l D bl., et fait D nouvelle.
17. P pr. l D n., et don. éch.	C pr. le p. bl.
18. D pr. l T d R n., et don. éch.	R à la 2. c. d s D.
19. F d R don. éch. à la 4. c. d C d l D n.	C d l D cou. à la 3. c. d s F.
20. D don. éch. et m. à la 2. c. d R n.	

---

*Défense de ce coup.

BLANC.	NOIR.
1. P pr. le C d R n.	T pr. le p. bl.
2. D pr. l T n.	P pr. l T d l D bl., et fait D nouv.
3. D pr. l D nouv. à l. c. d s T.	F d R à la 4. c. d l D bl.
4. F d l D pr. l D n., et don. éch.	R pr. l F d l D bl.
5. C d l D à la 3. c. d s F, et gag.	

Douziéme Manière de jouer.

BLANC.	NOIR.
1. P d R 2. c.	De même.
2. C d R à la 3. c. d s F.	C d l D à la 3. c. d s F.
3. F d R à la 4. c. d F d s D.	De même.

BLANC.	NOIR.
4. P d F d l D 1. c.	D à la 2. c. d s R.
5. R saute.	P d l D 1. c.
6. P d la D 2. c.	F d R à la 3. c. d C d s D.
7. F d l D à l 4. c. d C d R n.	P d F d R 1. c.
8. F d l D à l 4. c. d l T d s R.	P d C d R 2. c.
9. C d R pr. le p. d C d R n.	P pr. l C d R bl.
10. D don. éch. à la 4. c. d l T d R n.	R à la c. d s F.
11. F d l D pr. le p. n. à la 4. c. du C d R n.	D à la c. d s R.
12. D don. éch. à la 3. c. d F d s R.	R à la 2. c. d s C.
13. * F d R pr. l C d R n.	T pr. l F d R bl.
14. D don. éch. et m. à la 3. c. d F d R n.	

---

* Défense de ce coup.

BLANC.	NOIR.
13. F du R pr. l C d R n.	R pr. l F d R bl.
14. P d l D 1. c.	C d l D à la 2. c. d s R.
15. F d l D à la 3. c. d F d R n.	D à la 2. c. d F. d s R.
16. C d l D à la 2. c. d s D.	P d l T d R 1. c.
17. F d l D pr. l T d R n.	D pr. l D bl.
18. C pr. l D n.	R pr. l F d l D bl.
19. P d l T d R 1. c.	F d l D à la 2. c. d s D.
20. P d F d l D 1. c.	F d R à la 4. c. d l D bl.
21. C d l D pr. l F d R n.	P pr. le C d R bl.
22. T d l D à la c. d s D.	P d F d l D 2. c.
23. P d F d R 2. c.	T d l D. à la c. d F d s R.

BLANC.	NOIR.
24. P d R 1. c.	P pr. l p bl.
25. P pr. l P n.	T pr. l T bl. et don. éch.
26. T pr. l T n.	R à la 2. c. d s C.
27. P 1. c. à la 3. c. d R n.	F d l D à la c. d s R.
28. P 1. c. à la 3. c. d l D. n.	C d l D à la 3. c. d F d s D.
29. P 1. c. à la 2. c. d l D n.	F d l D à la 3. c. d C d s R.
30. P 1. c. à la 2. c. d R n.	C pr. l p bl. à la 2. c. d s R.
31. P 1. c. fait D nouvelle , et gagnera.	

Treizième manière de jouer.

BLANC.	NOIR.
1. P d R 2. c.	De même.
2. C d R à la 3. c. de s F.	C d l D à la 3. c. d s F.
3. F d R à la 4. c. d F de s D.	De même.
4. P d F d l D 1. c.	P d l D, 1. c.
5. P d l D 2. c.	P pr. le p. bl.
6. P pr. le p. n.	F d R don. éch. à la 4. c. d C d l D bl.
7. C d l D cou. à la 3. c. d s F.	C d R à la 3. c. d s F.
8. R saute.	F d R pr. l C d l D bl.
9. P pr. l F d R n.	C d R pr. le p. d R bl.
10. T d R, à la c. de s R.	P d l D, 1. c.
11. T d R pr. l C d R n., et don. éch.	P pr. l T d R bl.
12. C d R à la 4. c. d C d R n.	R saute.

BLANC.	NOIR.
13. D à la 4. c. d l T d R n.	P d l T d R , 1. c.
14. * C d R pr. le p. d F d R n.	D à la 3. c. d F d s R.
15. C d R pr. le p. d l T d R n., et don. éch. double.	R à la c. d s T.
16. C d R don. éch. double à la 2. c. d F d R n.	R à la c. d s C.
17. D don. éch. et m. à la c. d l T d R n.	

---

* Défense de ce coup.

BLANC.	NOIR.
14. C d R pr. le p. d F d R n., comme ci-dessus.	T pr. l C d R bl.
15. † F d R pr. l T d R n., et don. éch.	R à la c. d s F.
16. F d l D don. éch. à la 3. c. d l T d s D.	C d l D cou. à la 2. c. d s R.
17. F d R à la 3. c. d C d s D.	D à la c. d s R pour em-pêcher l'éch. et m.
18. D à la 4. c. d l D n.	P d F d l D , 2. c.
19. F d l D pr. le p. n.	P d l T d l D , 1. c.
20. D don. éch. et m. à la c. d C d R n.	

---

† Défense de ce coup.

BLANC.	NOIR.
15. F d R pr. l T d R n., et don. éch., comme ci-dessus.	R à la 2. c. d s T.

BLANC.	NOIR.
16. F d la D pr. le p. d l T d R n.	P pr. l F d l D bl.
17. D don. éch. à la 3. c. d C d R n.	R à la c. d s T.
18. D pr. le p. n., et don. éch. et m. à la 3. c. d l T du R n.	

---

† Autre défense du même coup.

BLANC.	NOIR.
15. F d R pr. l T d R n., et don. éch. comme dessus.	R à la c. d s T.
16. F d l D pr. le p. d l T d R n.	F d l D à la 4. c. d C d R bl.
17. F d l D pr. le p. d C. d R n., et don. éch.	R pr. l F d l D. bl.
18. D don. éch. à la 3. c. d C d R n.	R à la c. d s F.
19. F d R à la 3. c. d C d s D.	D à la c. d s R.
20. D don. éch. à la c. d C d R n.	R à s 2. c.
21. D pr. l F d l D n.	R à la c. d s D.
22. T à la c. d s R.	P d R 1. c.
23. T pr. le p. n. et g.	

Quatorzième manière de jouer.

BLANC.	NOIR.
1. P d R 2 c.	De même.
2. C d R à la 3. c. d s F.	De même.

Blanc.	Noir.
3. C d R pr. le p. d R n.	C d R pr. le p. d R bl.
4. D à la 2. c. d s R.	De même.
5. D pr. l C d R n.	P d l D 1. c.
6. P d l D 2. c.	P d F d R, 1. c.
7. P d F d R, 2. c.	C d l D à l 2. c. d s D.
8. C d l D à la 3. c. d s F.	P d l D pr. l C bl.
9. C d l D à la 4. c. d l D n.	D à sa 3. c.
10. P d l D pr. le p. n.	P pr. le p. bl.
11. P pr. le p. n.	D à la 3. c. d s F, parce que si l D prenait le p. bl., elle perdrait s T, ou si l C le pre-nait, il serait pris par l F d l D bl., qui se mettrait à la 4. c. d F d R bl.
12. F d R à la 4. c d C d l D n.	D à l 4. c. d s F.
13. F d l D à la 3. c. d s R, dessus l D contraire.	D pr. l F d R bl.
14. C pr. le p. d F d l D n., et don. éch.	R à la c. d s D.
15 C pr. l D n., et gagne.	

Quinzième manière de jouer.

Blanc.	Noir.
1. P d R 2. c.	De même.
2. C d R à la 3. c. d s F.	C d l D à la 3. c. d s F.
3. F d R à la 4. c. d F d s D.	De même.
4. P d F d l D 1. c.	C d R à la 3. c. d s F.

BLANC.	NOIR.
5. P d l D 2. c.	P d R pr. le p. d la D bl.
6. P pr. le p. n.	F d R à la 3. c. d C d s D.
7. P d R 1. c.	C d R, à sa c.
8. P 1. c. à la 4. c. d l D n.	C d l D à la 2. c. d s R.
9. P 1. c. à la 3. c. d l D n.	C d l D à la 3. c. d s F.
10. D à la 4. c. d l D n.	C d R à la 3. c. d l T d s R.
11. F d l D pr. l C d R n.	T d R à la c. d s F.
12. F d l D pr. le p. d C d R n.	C d l D à la 4. c. d C d l D bl.
13. D à sa 2. c.	T d R à la c. d C d s R.
14. F d l D à la 3. c. d F d R n., prendra l D n. et gag.	

Seizième manière de jouer.

BLANC.	NOIR.
1. P d R 2. c.	De même.
2. C d R à la 3. c. d s F.	C d l D à la 3. c. d s F.
3. F d R à la 4. c. d F d l D.	De même.
4. P d F d l D 1. c.	C d R à la 3. c. d s F.
5. P d l D 2. c.	P d R pr. le p. d l D bl.
6. P pr. le p. n.	F d R à la 3. c. d C d s D.
7. P d R 1. c.	C d R à sa c.
8. P 1. c. à la 4. c. d l D n.	C d l D à la 2. c. d s R.
9. P 1. c. à la 3. c. d l D n.	P pr. le p. bl.
10. P pr. le p. n.	C d l D à la 3. c. d s F.
11. D à la 4. c. dl. D n.	D à la 3. c. d F d s R.
12. R saute.	C d R à la 3. c. d l T d s R

BLANC.	NOIR.
13. T don. éch. à la c. d s R.	R à la c. d s F.
14. * F d l D à la 4. c. d C d R n.	D pr. le p. d C d l D bl.
15. F d l D pr. l C d R n.	F d R pr. le p. d F d R bl , et don. éch.
16. R à la c. d s F.	D à la 3. c. d F d s R.
17. F d l D à la 4. c. d C d R n.	D à la 3. c. d C d s R.
18. R pr. l F.	P d l T d l D l. c.
19 C d R à la 4. c. d l T d s R.	D à la 4. c. d l T d s R.
20 F d l D don. éch. à la 2. c. d R n.	R à la c. d s C.
21. D pr. l D n.	P d C d R l. c.
22. D à la 3. c. d l T d R n. , et donne m. forcé.	

---

* Défense de ce coup

BLANC.	NOIR.
14. F d l D à la 4. c. d C d R n. , comme ci-dessus.	D à la 4. c. d F d s R.
15. D à sa 2. c.	F d R à la 4. c. d l T d s D.
16. C d l D à la 3. c. d s F.	P d C d l D, l c.
17. F d l D pr. l C n. à la 3. c. d l T d R n.	P pr. l F d l D bl.
18. D pr. le p. n., et don éch.	R à la c. d s C.
19. T d R don. éch. et m. à la c. d R n.	

Dix-septième Manière de jouer.

BLANC.	NOIR.
1. P d R 2. c.	De même.
2. C d R à la 3. c. d s F.	P d l D 1. c.
3. F d R à la 4. c. d F d s D.	F d l D à la 4. c. d C d R bl.
4. P d l T d R 1. c.	F d l D à la 4. c. d l T d s R.
5. P d F d l D 1. c.	C d R à la 3. c. d s F.
6. P d l D 1. c.	F d R à la 2. c. d s R.
7. F d l D à l 3. c. d s R.	R saute.
8. P d C d R 2. c.	F d l D à la 3. c. d C d s R.
9. C d R à la 4. c. d l T d s R.	P d F d l D 1. c.
10. C pr. l F d l D n.	P d l T d R pr. l C d R bl.
11. P d l T d R 1. c.	P d C d l D 2. c.
12. F d R à la 3. c. d C d s D.	P d l T d l D 2. c.
13. P d l T d l D 2. c.	P d C d l D 1. c.
14. P d l T d R 1. c.	P pr. le p. d l T d R bl.
15. P d C d R, 1. c. à la 4. c. d C d R n.	C d R à la 4. c. d C d R bl.
16. T pr. le p. n.	C d R pr. l F d l D bl.
17 T d R don. éch. à la c. d l T d R n.	R pr. l T d R bl.
18. D don. éch. à la 4. c. d l T d R n.	R à la c. d s C.
19. P 1. c. à la 3. c. d C d R n.	T à la c. d s R.
20. D don. éch. à la 2. c. d l T d R n.	R à la c. d s F.
21. D don. éch. et m. à la c. d l T d R n.	

Dix-huitième Manière de jouer.

BLANC.	NOIR.
1. P d R 2. c.	De même.
2. C d R à la 3. c. d s F.	P d l D 1. c.
3. F d R à la 4. c. d F ds D.	F d l D à la 4. c. d C d R bl.
4. P d l T d R 1. c.	F d l D pr. l C d R bl.
5. D pr. l F d l D n.	C d R à la 3. c. d s F.
6. D à la 3. c. d s C.	C d R pr. le p. d R bl.
7. F d R pr. le p. d F d R n., et don. éch.	R à la 2. c. d s D.
8. D pr. le p. d C d l D n.	C d R à sa 4. c.
9. F d R à la 4. c. d l D n.	C d l D à la 3. c. d l T d s D.
10 D don. éch. à la 3. c. d F d l D n.	R à sa 2. c.
11. D pr. l T d l D n., et gag.	

Dix-neuvième Manière de jouer.

BLANC.	NOIR.
1. P d R 2. c.	De même.
2. C d R à la 3. c. d s F.	P d l D 1. c.
3. F d R à la 4 c. d F s D.	F d l D à la 4. c. d C d R bl.
4. P d l T d R 1. c.	F d l D pr. l C d R bl.
5. D pr. l F d l D n.	D à la 3. c. d F d s R.

BLANC.	NOIR.
6. D à la 3. c. d s C.	P d C d l D 1. c.
7. * C d l D à la 3. c. d s F.	P d F d l D 1 c.
8. C d l D à la 4. c. d l D n.	D à sa c. , parce que si le p. prenait l C bl. , il perdrait l T d s D.
9. C d l D pr. le p. d C d l D n.	D pr. l C d l D bl.
10. F d R pr. le p. d F d R n., et don. éch.	R à la 2. c. d s D.
11. F d R pr. l C d R n.	P d l D 1. c.
12. P pr. le p. n.	D pr. l D bl.
13. P pr. le p. n., et don. éch.	C d l D pr. le p. bl.
14. F d R pr. l D n. , et gag.	

---

* Défense de ce coup.

BLANC.	NOIR.
7. C d l D à la 3. c. d s F, comme ci-dessus.	C d R à la 2. d s R.
8. C d l D à la 4. c. d C d l D n.	C d l D à la 3. c. d l T d s D.
9. D à la 4. c. d s T.	C d l D à la 4. c. d F d s D , dessus l D bl.
10. C d l D pr. le p. d l D n. , et don. éch. double à la 3. c. d l D n.	R à la c. d s D.
11. D don. éch. et m. à la c. d R n.	

Vingtième Manière de jouer.

BLANC.	NOIR.
1. P d R 2. c.	De même.
2. C d R à la 3. c. d s F.	C d l D à la 3. c. d s F.
3. F d R à la 4. c. d F d s D.	C d R à la 3. c. d s F.
4. C d R à la 4. c. d C d R n.	P d l D 2. c.
5. P d R pr. le p. d l D n.	C d R pr. le p. bl.
6. C d R pr. le p. d F d R n.	R pr. l C d R bl.
7. D don. éch. à la 3. c d F d s R.	R à sa 3. c.
8. C d l D à la 3. c. d s F.	C d l D à la 2. c. d s R.
9. R saute.	P d F d l D 1. c.
10. T d R à la c. d s R.	F d l D à la 2. c. d s D.
11. P d l D 2. c.	R à la 3. c. d s D.
12. T pr. le p. n.	C à la 3. c. d C d s R.
13. C d l D pr. l C n. à la 4. c. d l D n.	C pr. l T d R bl.
14. * P pr. l C n., et don. éch.	R à la 4. c. d F d s D.
15. D don. éch. à la 3. c. d s T.	R pr. l F d R bl.
16. D don. éch. à sa 3. c.	R à la 4. c. d F d s D.
17. P d C d l D 2. c., et don. éch.	

---

* Défense de ce coup.

BLANC.	NOIR.
14. P pr. l C n., et don. éch., comme ci-dessus.	R pr. le p. bl.

BLANC.	NOIR.
15. D don. éch. à la 4. c. d F d s R.	R à sa 3. c.
16. C don. éch. double à la 2. c. d F d l D n.	R a sa 2. c.
17. D don. éch. à la 4. c. d C d R n.	R à la 3. c. d s D.
18. F d l D don. éch. et m. à la 4. c. d F d s R.	

---

* Autre défense du même coup.

BLANC.	NOIR.
14. P pr. l C n., et don. éch. comme ci-dessus.	R à sa 3. c.
15. †C don. éch. double à la 2. c. d F d l D n.	R pr. le p. bl.
16. D don. éch. et m. à la 4. c. d F d s R.	

---

† Défense de ce coup.

BLANC.	NOIR.
15. C don. éch. double à la 2. c. d F d l D n.	R à sa 2. c.
16. D don. éch. et m. à la 2. c. d F d R n.	

Vingt et unième Manière de jouer.

BLANC.	NOIR.
1. P d R 2. c.	De même.
2. C d R a la 3. c. d s F.	C d l D à la 3. c. d s F.

BLANC.	NOIR.
3. F d R à la 4. c. d F d s D.	C d R à la 3. c. d s F.
4. C d R à la 4. c. d C d R n.	P d l D 2. c.
5. P d R pr. le p. d l D n.	C d R pr. le p. bl.
6. C d R pr. le p. d F d R n.	R pr. l C d R bl.
7. D don. éch. à la 3. c. d F d s R.	R à sa 3. c.
8. C d l D à la 3. c. d s F.	C d l D à la 2. c. d s R.
9. R saute.	P d F d l D 1. c.
10. T d R à la c. d s R.	F d l D à la 2. c. d s D.
11. P d l D 2. c.	R à la 3. c. d s D.
12. T pr. le p. n. à la 4. c. d s R.	C d l D à la 3. c. d C d s R.
13. C pr. l C n.	P pr. l C bl.
14. T pr. le p. n. et don. éch.	R à la 2. c. d F d s D.
15. F d l D don. éch. à la 4. c. d F d s R.	C pr. l F d l D bl.
16. D pr. l C n., et don. éch.	R à la c. d F d s D.
17. F d R à la 4. c. d C d l D n.	D à la 2. c. d s F.
18. D pr. l D n., et don. éch.	R pr. l D bl.
19. T pr. l F n., et don. éch., et gagnera.	

Vingt-deuxième Manière de jouer.

BLANC.	NOIR.
1. P d R 2. c.	De même.
2. C d R à la 3. c. d s F.	D à la 3. c. d F d s R.
3. F d R à la 4. c. d F d s D.	D à la 3 c. d C d s R.
4. R saute.	D pr. le p. d R bl.

BLANC.	NOIR.
5. * F d R pr. le p. d F d R n. , et don. éch.	R pr. l F d R bl.
6. C d R don. éch. à la 4. c. d C d R n.	R à sa c.
7. C pr. l D n. , et gagne.	

---

* Défense de ce coup.

BLANC.	NOIR.
5. F d R pr. le p. d F d R n. , et don. éch., comme ci-dessus.	R à la c. d s D.
6. † C d R pr. le p. d R n.	D pr. l C d R n.
7. T à la c. d s R dessus l D n.	D à la 3. c. d F d s R.
8 T don. éch. et m. à la c. d R n.	

---

† Défense de ce coup.

BLANC.	NOIR.
6. C d R pr. le p. d R n.	C d R à la 3. c. d s F.
7. T d R à la c. d s R dessus l D n.	D à la 4. c. d F d s R.
8. ¶ F d R à la 3 c. d C d R n.	P d l T d R pr. l F d R n.
9. C d R don. éch. et m. à la 2. c. d F d R n.	

¶ **Défense de ce coup.**

BLANC.	NOIR.
8. F d R à la 3. c. d C d R n.	D à la 3. c. d s R.
9. C don. éch. à la 2 c. d F d R n.	R à sa c.
10. C pr. l T n., et don. éch. d F d s R.	P d l T d R pr. l F d R bl.
11. T pr. l D n., et don. éch.	P pr. l T bl.
12. C pr. le p. n., à la 3. c. d C d R n.	

Vingt-troisième Manière de jouer.

BLANC.	NOIR.
1. P d R 2. c.	De même.
2. C d R à la 3. c. d s F.	D à la 3. c. d F d s R.
3. F d R à la 4. c. d F d s D.	D à la 3. c. d C d s R.
4. R saute.	D pr. le p. d R bl.
5. F d R pr. le p. d F d R n., et don. éch.	R à sa 2. c.
6. T à la c. d s R.	D à la 4. c. d F d R bl.
7. T pr. le p. d R n., et don. éch. à la 4. c. d R n.	R pr. l F d R bl.
8. P d l D 2. c.	D à la 3. c. d F d s R.
9. C d R don. éch. à la 4. c. d C d R n.	R à la 3. c. d s C.
10. * D don. éch. à sa 3. c.	R à la 3. c. d s T.
11. C à la 2. c. d F d R n., et don. éch. double et m.	

* Défense de ce coup.

BLANC.	NOIR.
10. D don. éch. à sa 3. c.	R à la 4. c. d s T.
11. † C à la 2. c. d F d R n., et don. éch. d l T.	R à la 4. c. d C d R bl.
12. P d l T d R 1. c., et don. éch. et m.	

† Défense de ce coup.

BLANC.	NOIR.
11. C à la 2. c. d F d R n., et don. éch. d l T.	P d C d R 2. c., couvre.
12. T pr. le p. n., et donne éch. à la 4. c. d C d R n.	

Vingt-quatrième Manière de jouer.

BLANC.	NOIR.
1. P d R 2. c.	De même.
2. C d R à la 3. c. d s F.	D à la 3. c. d F d s R.
3. F d R à la 4. c. d F d s D.	D à la 3. c. d C d s R.
4. R saute.	D pr. le p. d R bl.
5. F d R pr. le p. d F d R n., et don. éch.	R à sa 2. c.
6. T d R à la c. d s R dessus l D n.	D à la 4. c. d F d R bl.

BLANC.	NOIR.
7. *T d R pr. le p. d R n., et don. éch.	R à la c. d s D.
8. T don. éch. et m. à la c. d R n.	

---

* Défense de ce coup.

BLANC.	NOIR.
7. T d R pr. le p. d R n., et don. éch.	R à la 3. c. d s F.
8. P d l D 2. c.	D à la 4. c. d C d R bl.
9. F d R à la 4. c. d l T d R n., et gag.	

---

* Autre défense du même coup.

BLANC.	NOIR.
7. T d R pr. le p. d R n., et don. éch.	R à la 3. c. d s D.
8. T don. éch. à la 4. c. d l D n.	R à sa 2. c.
9. D don. éch. à la c. d s R.	R pr. le F d R bl.
10. P d l D 2. c.	D à la 3. c. d F d s R.
11. C d R don. éch. à la 4. c. d C d R n.	R à la 3. c. d s C.
12. D don. éch. à la c. d R n.	R à la 3. c. d s T.
13. C d R don. éch. double et m. à la 2. c. d F d R n.	

Vingt-cinquième Manière de jouer.

BLANC.	NOIR.
1. P d R 2. c.	De même.
2. C d R à la 3. c. d s F.	C d l D à la 3. c. d s F.
3. F d R à la 4. c. d F d s D.	De même.
4. P d F d l D 1. c.	C d R à la 3. c. d s F.
5. P d l D 2. c.	P d R pr. le p. bl.
6. P pr. le p. n.	F d R don. éch. à la 4. c. d C d l D n.
7. F d l D cou. à la 2. c. d s D.	C d R pr. le p. d R n.
8. F d l D pr. l F d R n.	C d l D pr. l F d l D n.
9. F d R pr. le p. d F d R n. et don. éch.	R pr. l F d R bl.
10. D don. éch. à la 3. c. d s C.	P d l D 2. c. couvre.
11. C d R don. éch. à la 4. c. d R n.	R à la c. d s C.
12. D pr. l C d l D n.	D à la 3. c. d F d s R.
13. R saute.	P d F d l D 2. c.
14. D à la 4. c. d C d l D n.	P d C d l D 1. c.
15. D don. éch. à la c. d R n.	D cou à la c. d F d s R.
16. D à la 3. c. d F d l D n.	F d l D à la 3. c. d l T d s D.
17. D pr. le p. n. et don. éch. à la 4. c. d l D n.	D cou à la 2. c. d F d s R.
18. D pr. l D n. et don. éch. et m. à la 2. c. d F d R n.	

Vingt-sixième Manière de jouer.

BLANC.	NOIR.
1. P d R 2. c.	De même.
2. C d R à la 3. c. d s F.	P d F d R 1. c.
3. C d R pr. le p. d R n.	P pr. l C d R bl.
4 D don. éch. à la 4. c. d l T d R n.	R à sa 2. c.
5. D pr. le p. n., et donne éch. à la 4. c. d R n.	R à la 2. c. d s F.
6. * F d R don. éch. à la 4. c. d F d s D.	R à la 3. c. d s C.
7. D don. éch. à la 4. c. d F d R n.	R à la 3. c. d s T.
8. P d l D 2. c., don. éch. d F d s D.	P d C d R 2. c. couvre.
9. P d l T d R 2. c.	R à la 2. c. d s C.
10. D don. éch. à la 2. c. d F d R n.	R à la 3. c. d s T.
11. P d l T d R pr. le p. d C d R n., et don. éch. double et m.	

* Défense de ce coup.

BLANC.	NOIR.
6. F d R don. éch. à la 4. c. d F d s D.	P d l D 2 c. couvre.
7. F d R pr. le p. n., et don. éch. à la 4. c. d l D n.	R à la 3. c. d s C.
8. P d l T d R 2. c.	P d l T d R 1. c.

BLANC.	NOIR.
9. F d R pr. le p. d C d l D n.	F d l D pr. l F d R bl.
10. D don. éch. et m. à la 4. c. d F d R n.	

Vingt-Septième Manière de jouer.

BLANC.	NOIR.
1. P d R 2. c.	De même.
2. C d R à la 3. c. d s F.	P d F d R 1. c.
3. C d R pr. le p. d R n.	P pr. l C d R bl.
4. D don. éch. à la 4. c. d l T d R n.	R à sa 2. c.
5. D pr. le p. n., et don. éch. à la 4. c. d R n.	R à la 2. c. d s F.
6. F d R don. éch. à la 4. c. d F d s D.	P d l D 2. c. cou.
7. F d R pr. le p. n., et don. éch. à la 4. c. d l D n.	R à la 3. c. d s C.
8. * P d l T d R 2. c.	P d l T d R 2 c.
9. F d R pr. le p. d C d l D n.	F d l D pr. l F d R bl.
10. D don. éch. à la 4. c. d F d R n.	R à la 3. c. d s T.
11. P d l D 2. c., et don. éch. d F d s D.	P d C d R 2. c. couvre.
12. F d l D pr. le p. d C n , et don. éch.	D pr. l F d l D bl.
13. P pr. l D n., et don. éch.	R à la 2. c. d s C.
14. D don. éch. à la 4. c. d R n.	R à la 2. c. d s F.
15. D pr. l T d R n., et gag.	

* Défense de ce coup

BLANC.	NOIR.
8. P d l T d R 2. c.	D à la 3. c. d F d s R.
9. D don. éch. à la c. d R n.	R à la 3. c. d s T.
10. P d l D 2. c. et don. éch. d F d s D.	P d C d R 2. c. couvre.
11. P d l T d R pr. le p. d C d R n., et don. éch. doubl.	R à la 2. c. d s C.
12. P pr. l D n., et don. éch.	C pr. le p. n.
13. D don. éch. et m. à la 2. c. d F d R n.	

* Autre défense du même coup.

BLANC.	NOIR.
8. P d l T d R 2. c.	F d R à la 3. c. d s D.
9. P d l T d R 1. c., et don. éch.	R à la 3. c. d s T.
10. P d l D 2. c., et don. éch. d F d s D.	P d C d R 2. c. couvre.
11. D pr. l T d R n.	P d F d l D 1. c.
12. F d R pr. l C d R n.	D à la 2. c. d s R.
13. F d R pr. le p. d l T d R n.	D pr. l F d R bl.
14. D don. éch. à la 3. c. d F d R n.	D cou. à la 3. c. d C d s R.
15. D pr. l D n., et don. éch. et m. à la 3. c. d C d R n.	

Vingt-huitième Manière de jouer.

BLANC.	NOIR.
1. P d R 2. c.	P d R 1. c.
2. P d l D 2. c.	C d R à la 3. c. d s F.
3. F d R à la 3. c. d s D.	C d l D à la 3. c. d s F.
4. C d R à la 3. c. d s F.	F d R à la 2. c. d s R.
5. P d l T d R 2. c.	R saute.
6. P d R 1. c.	C d R à la 4. c. d s D.
7. F d R pr. le p. d l T d R n., et don. éch.	R pr. l F d R bl.
8. C d R don. éch. à la 4. c. d C d R n.	F d R pr. l C d R bl.
9. *P d l T d R pr. le F d R n., et don. éch. d l T.	R à la c. d s C.
10. D à la 4. c. d l T d R n.	P d F d R 2. c.
11. P 1. c. à la 3. c. d C d R n.	T d R à la c. d s R.
12. D don. éch. et m. à la c. d l T d R n.	

* Défense de ce coup.

BLANC.	NOIR.
9. P d l T d R pr. l F d R n., et don. éch. d l T.	R à la 3. c. d s C.
10. D don. éch. à la 4. c. d l T d R n.	R à la 4. c. d s F.
11. D don. éch. à la 2. c. d l T d R n.	P d C d R 1. c. couvre.
12. D don. éch. à la 3. c. d l T d s R.	R à la 4. c. d R bl.
13. D don. éch. et m. à sa 3. c.	

Vingt-Neuvième Manière de jouer.

BLANC.	NOIR.
1. P d R 2. c.	P d R 1. c.
2. P d l D 2. c.	C d R à la 3. c. d s F.
3. F d R à la 3. c. d s D.	C d l D à la 3. c. d s F.
4. C d R à la 3. c. d s F.	F d R à la 2. c. d s R.
5. P d l T d R 2. c.	R saute.
6. P d R 1. c.	C d R à la 4. c. d s D.
7. F d R pr. le p. d l T d R n., et don. éch.	R pr. l F d R n.
8. C d R don. éch. à la 4. c. d C d R n.	R à la 3. c. d s C.
9. * P d l T d R 1. c., et don. éch. à la 4. c. d l T d R n.	R à la 4. c. d s F.
10. P d C d R 2. c., et donne éch. et mat.	

* Défense de ce coup.

BLANC.	NOIR.
9. P d l T d R 1. c., et don. éch. à la 4. c. d l T d R n.	R à la 3. c. d s T.
10. C pr. le p. d F d R n., et don. éch. double.	R à la 2. c. d s T
11. C pr. l D n. et gag.	

Trentième Manière de jouer.

BLANC.	NOIR.
1. P d R 2. c.	De même.
2. C d R à la 3. c. d s F.	P d l D 1. c.
3. P d l T d R 1. c.	C d R à la 3. c. d s F.
4. * P d F d l D 1. c.	C d R pr. le p. d R bl.
5. D don. éch. à la 4. c. d s T.	P d F d l D 1. c.
6. D pr. l C d R n., et gag.	

* Défense de ce coup.

BLANC.	NOIR.
4. P d F d l D 1. c.	C d l D à la 3. c. d s F.
5. P d l D 2. c.	C d R pr. le p. d R. bl.
6. F d l D 1. c.	C d l D à la 2. c. d s R.
7. D don. éch. à la 4. c. d s T.	P d F d l D 1. c., cou.
8. P d l D pr. le p. d F d l D n.	C d R à la 4. c. d F d s D.
9. P pr. le p. d C d l D n., et don. éch. d s D.	C pr. l D bl.
10. P pr. l T d l D n., fera D nouvelle, et gag.	

Trente et unième Manière de jouer.

BLANC.	NOIR.
1. P d R 2. c.	P d C d l D 1. c.
2. P d l D 2. c.	F d l D à la 2. c. d C d s D.

BLANC.	NOIR.
3. F d R à la 3. c. d s D.	C d l D à la 3. c. d s F.
4. F d l D à la 3. c. d s R.	P d C d R 1. c.
5. P d F d R 2. c.	F d R à la 2. c. d C d s R.
6. C d R à la 3. c. d s F.	C d R à la 3. c. d s F.
7. P d F d l D 2. c.	R saute.
8. C d l D à la 3. c. d s F, et ensuite sautera du côté de la D n., et avancera son infanterie du côté d l T d R n., et gag.	

Trente-deuxième Manière de jouer.

BLANC.	NOIR.
1. P d R 2. c.	P d C d l D 1. c.
2. P d l D 2. c.	F d l D à la 2. c. d C d s D.
3. F d R à la 3. c. d s D.	P d F d R 2. c.
4. P d R pr. le p. d F d R n.	F d l D pr. l. p. d C d R bl.
5. D don. éch. à la 4. c. d l T d R n.	P d C d R 1. c., couvre.
6. P. pr. le p. n.	C d R à la 3. c. d s F.
7. P pr. le p. n., et donne éch. d l D.	C pr. l D bl.
8. F don. éch. et m. à la 3. c. d C n.	

Trente-troisième Manière de jouer.

BLANC.	NOIR.
1. P d R 2. c.	De même.
2. F d R à la 4. c. d F d s D.	De même.

6

BLANC.	NOIR.
3. D à la 4. c. d l T d R n.	D à la 2. c. d s R.
4. C d l D à la 3. c. d s F.	P d F d l D 1. c.
5. C d R à la 3. c. d s F.	C d R à la 3. c. d s F.
6. D pr. le p. d R n.	* F d R pr. le p. d F d R bl , et don. éch.
7. R pr. l F d R n.	C d R don. éch. à la 4. c. d C d R bl.
8. R à la c. d s F.	C prendra l D bl. et gag.

---

* Défense de ce coup.

NOIR.	BLANC.
6. F d R pr. le p. d F d R bl. et don. éch.	R à la c. d s F.
7. D pr. l D bl.	C d R pr. l D n.
8. F d R à la 4. c. d l D bl.	C d R pr. le p. d F d R n.
9. P d l D 2. c.	C d R pr. l T d R n.
10. P pr. l F d R bl, et après il jouera s R à la c. d s F et prendra l C bl. et g.	

Trente-Quatrième Manière de jouer.

BLANC.	NOIR.
1. P d R 2. c.	De même.
2. F d R à la 4. c. d F d s D.	De même.
3. D à la 2. c. d s R.	P d l D 1. c.
4. P d F d s D 1. c.	C d l D à la 3. c. d s F.
5. P d F d R 2 c.	P d R pr. le p. bl.

BLANC.	NOIR.
6. C d R à la 3. c. d s F.	P d C d R 2. c.
7. P d l T d R 2. c.	P d C d R 1. c.
8. C d R à la 4. c. d C d R n.	C d R à la 3. c. d s T.
9 P d l D 2. c.	F d R à la 3. c. d C d s D.
10. F d l D pr. le p. n.	" à la 2. c d s R.
11. T d R à la c. d s F.	P d F d R 1. c.
12 C d l D à la 2. c. d s D.	P pr. l C d R bl.
13. F pr. le p. n.	D à la 2. c. d C d s R.
14. D à la 3. c. d s R.	C d R à sa c.
15. * F d R don. éch. à la 2. c. d F d R n.	R à la 2. c. d s D.
16. D à la 4. c d F d s R.	C d R à la 2. c. d s R.
17. D pr. le p. n. et don. éch.	R à la c. d s D.
18. F d l D pr. l C d R n., et don. éch.	C pr. l E bl.
19. D pr. l D n., et gag.	

* Défense de ce coup.

BLANC.	NOIR.
15. F d R don. éch. à la 2. c. d F d R n.	R à la c. d s F.
16. F d R à la 4. c. d l T d R n. et don. éch. d l T.	C d R couvre à la 3. c. d s F.
17. F d l D à la 3. c. d l T d R n.	D pr. l F d l D bl.
18. D pr. l D n., don. éch. et gagnera.	

* Autre défense du même coup.

BLANC.	NOIR.
15. F d R don. éch. à la 2. c. d F d R n.	D pr. l F d R bl.
16. T pr. l D n.	R pr. l T bl.
17. D don. éch. à la 4. c. d F d s R.	R à la 2. c. d s C.
18. R saute.	F d l D à la 2. c. d s D.
19. T à la c. d F d s R.	F d l D à la c. d s R.
20. D don. éch. à la c. d F d R n.	R à la 3. c. d s C.
21. T don. éch. à la 3. c. d F d R n.	R à la 4. c. d s T.
22. T donne éch. à la 3. c. d l T d R n.	C pr. l T bl.
23. D pr. l C n., et don. éch. et m. à la 3. c. d l T d R n.	

Trente-cinquième Manière de jouer.

BLANC.	NOIR.
1. P d R 2. c.	De même.
2. C d R à la 3. c. d s F.	C d l D à la 3. c. d s F.
3. F d R à la 4. c. d F d s D.	De même.
4. P d F d l D 1. c.	C d R à la 3. c. d F d s R.
5. C d R à la 4. c. d C d R n.	R saute.
6. P d l D 1. c.	P d l T d R, 1. c.
7. P d l T d R 2. c.	P pr. l C d R bl.
8. P pr. le p. n.	C à la 2. c. d l T d s R.
9. D à la 4. c. d l T d R n., et donnera m. forcé.	

Trente-Sixième Manière de jouer.

Comment le blanc peut se défendre, le noir jouant le premier.

NOIR.	BLANC.
1. P d R 2. c.	De même.
2. C d R à la 3. c. d s F.	C d l D à la 3. c. d s F.
3. F d R à la 4. c. d F d s D.	De même.
4. R saute.	C d R à la 3. c. d s F.
5. T d R à la c. d s R.	R saute.
6. P d F d l D 1. c.	D à la 2. c. d s R.
7. P d l D 2. c.	P d R pr. le p. d l D n.
8. P d R 1. c.	C d R à la 4. c. d C d R n.
9. P pr. le p. bl.	C d l D pr. le p. n.
10. C d R pr. l C d l D bl.	* D à la 4. c. d l T d R n.
11. C d R à la 3. c. d s F.	D pr. le p. d F d R n., et don. éch.
12. R à la c. d s T.	D don. éch. à la c. d C d R n.
13. C ou la T prendra l D bl.	C d R don. éch. et m., à la 2. c. d F d R n.

* Défense de ce coup.

BLANC.	NOIR.
10. D à la 4. c. d l T d R n.	P d l T d R 1. c.
11. C pr. le p. d F d R n.	D où elle voudra.
12. F pr. l C d R n., et gag.	

* **Autre défense du même coup.**

BLANC.	NOIR.
10. D à la 4. c. d l T d R n.	F d l D à la 3. c. d s R.
11. D pr. le p. d l T d R n., et don. éch.	R à la c. d s F.
12. D don. éch. à la c. d l T d R n.	R à s 2. c.
13. D pr. le p. d C d R n.	T d R à la c. d s C, dessus l D bl.
14. C d R pr. l F d l D n.	R pr. l C bl.
15. F pr. l C n., et don. éch à la 4. c. d l D n.	R pr. l F bl.
16. D pr. le p. d F d R n., et don. éch. à la 2. c. d F d R n.	R à la 3. c. d F d s D.
17. D don. éch. à l. 3. c. d R n.	F couvre.
18. D pr. le p. n., et donne éch., et gag. avec ses p.	

Trente-septième Manière de jouer.

NOIR.	BLANC.
1. P d R 2. c.	De même.
2. C d R à la 3. c. d s F.	C d l D à la 3. c. d s F.
3. F d R à la 4. c. d F d s D.	De même.
4. R saute.	C d R à la 3. c. d s F.
5. T d R à la c. d s R.	R saute.
6. P d F d l D 1. c.	T d R à la c. d s R.
7. P d l D 2. c.	P d R pr. le p. d l D n.

NOIR.	BLANC.
8. P d R 1. c.	C d R à la 4. c. d C d R n.
9. F d l D à la 4. c. d C d R bl.	* C d R pr. le p. d F d R n.
10. F d l D pr. l D bl.	C pr. l D n.
11. T pr. l C bl.	P pr. le p. d F d l D n., et don. éch. d F d s R.
12. R à la c. d s F.	P pr. le p. d C d l D n.
13. C d l D à la 2. c. d s D.	P pr. l T d l D n.
14. T pr. l D bl., à la c. d l T d s D.	C d l D pr. l F d l D n., et gagnera.

---

* Défense de ce coup.

BLANC.	NOIR.
9. C d R pr. le p. d F d R n.	R pr. l C d R bl.
10. P pr. le p. d F d l D n., et don. éch.	R à la c. d s F.
11. P pr. le p. d C d l D n.	C d l D à la 3. c. d s F.
12. P pr. l T d l D n.	D pr. le p. bl. à la c. d s T.
13. F d R à la 2. c. d s R, cou. s D et gagnera.	

---

* Autre défense du même coup.

BLANC.	NOIR.
9. C d R pr. le p. d F d R n.	D à la 3. c. d s C.
10. P pr. le p. d F d l D n.	F d l D pr. l D bl.
11. P pr. le p. d C d l D n.	D pr. le p. bl., à la 2. c. d C d s D.
12. C à la 3. c. d l D n., et don. éch. d F d s R.	R à la c. d s F.

BLANC.	NOIR.
13. C pr. l D n.	F d l D pr. le p. d F d l D bl.
14. C pr. l F d R n.	

Trente-huitième Manière de jouer.

NOIR.	BLANC.
1. P d R 2. c.	De même.
2. C d R à la 3. c. d s F.	C d l D à la 3. c. d s F.
3. F d R à la 4. c. d F d s D.	De même.
4. R saute.	C d R à la 3. c. d s F.
5. T d R à la c. d s R.	R saute.
6. P d F d l D 1. c.	T d R à la c. d s R.
7. P d l D 2 c.	P d R pr. le p. d l D n.
8. P d R 1. c.	C d l R à la 4. c. d C d R n.
9. F d l D à l 4. c. d C d R bl.	C d R pr. le p. d F d R n.
10. D à la 3. c. d s C.	* P pr. le p. d F d l D n.
11. F d l D pr. l D bl.	P pr. le p. d C d l D n.
12. C d l D à la 3. c. d s F.	C d R à la c. d l D n., et don. éch. d F d s R.
13. R à la c. d s F.	P pr. l T d l D n., et fait D nouvelle.
14. T pr. l C d R bl.	D pr. l T d R n., et don. éch.
15. C pr. l D bl.	C pr. l F d l D n., et g.

* Défense de ce coup.

	BLANC.	NOIR.
10.	P pr. le p. d F d l D n.	C d l D pr. le p. bl.
11.	C don. éch. double à la 3. c. d l T d R n.	R à la c. d s T.
12.	C don. éch. à la 2. c. d F d R n.	R à la c. d s C.
13.	C don. éch. double à la 3. c. d l T d R n., et fera le jeu pat.	R à la c. d s F.
14.	C pr. l F d l D n.	C pr. l C bl.
15.	D pr. l C n.	F d R pr. le p. d F d R bl., et don. éch.
16.	R à la c. d s F.	F d R pr. l T d R bl.
17.	D don. éch. à la 4. c. d F d R n.	R à sa 2. c.
18.	C don. éch. à la 4. c. d l D n.	R à la c. d s D.
19.	C pr. l D n.	P d l T d l D pr. l C bl.
20.	R pr. l F d R n., et gag.	

Trente-neuvième Manière de jouer.

	NOIR.	BLANC.
1.	P d R 2. c.	De même.
2.	F d R à la 4. d F s D.	C d R à la 3. c. d s F.
3.	C d l D à la 3. c. d s F.	P d F d l D 1. c.
4.	D à la 3. c. d F d s R.	P d C d l D 2. c.
5.	F d R à la 3. c. d C d s D.	P d C d l D 1. c.

NOIR.	BLANC.
6. C d l D à la 4. c. d l T d s D.	* P d l D 2. c.
7. P d l D 1. c.	P d l T d R 1. c.
8. C d R à la 2. c. d s R.	P d l D 1. c.
9. C d R à sa 3. c.	F d l D à l 4. c. d C d R
	n., prendra l D n. et g.

* Défense de ce coup.

BLANC.	NOIR.
6. P d l D 2. c.	P pr. le p. bl.
7. P pr. le p. n.	C d R à la 2. c. d s R.
8. D à la 4. c. d s T.	C d R à sa 3. c.
9. F d l D à la 4. c. d C d R n.	D à la 3. c. d s R.
10. P d l D 1. c.	D à sa 3. c.
11. F d l D à la 2. c. d s D, prendra le C d l D n., et gagnera.	

LIVRE DEUXIÈME

CONTENANT DIVERSES MANIÈRES DE JOUER LE GAMBIT.

Première Manière de jouer.

Blanc.	Noir.
1. P d R 2. c.	De même.
2. P d F d R 2. c.	P d R pr. le p. d F d R bl.
3. C d R à la 3. c. d s F.	P d C d R 2. c.
4. F d R à la 4. c. d F d s D.	P d C d R 1. c.
5. C d R à la 4. c. d R n.	D don. éch. à la 4. c. d 1 T d R bl.
6. R à la c. d s F.	C d R à la 3. c. d s T.
7. P d l D 2. c.	P d l D 1. c.
8. C d R à la 3. c. d s D.	P d R 1. c., à la 3. c. d F d R bl.
9. * P d C d R 1. c.	D don. éch. à la 3. c. d 1 T d R bl.
10. R à la 2. c. d s F.	D don. éch. à la 2. c. d C d R bl.
11. R à sa 3. c.	C d R à sa c.
12. C d R à la 4. c. d F d s R.	F d R à la 3. c. d 1 T d s R.
13. F d R à sa c. dessus 1 D n.	D pr. 1 T d R bl.
14. F d R don. éch. à la 4. c. d C d 1 D n.	P d F d 1 D 1. c. cou.
15. F d R pr. le p. n., et don. éch.	P pr. 1 F d R bl.
16. D pr. 1 D n., et gagnera.	

* Défense de ce coup.

BLANC.	NOIR.
9. P d C d R 1. c.	D don. éch. à la 3. c. d l T d R bl.
10. R à sa c.	D à la 2. c. d C d R bl.
11. C d R à la 2. c. d F d s R.	C d l D à la 3. c. d s F.
12. F d R à sa c., dessus l D n., et gagnera.	

Deuxième Manière de jouer.

BLANC.	NOIR.
1. P d R 2. c.	De même.
2. P d F d R 2. c.	P d R pr. le p. d F d R bl.
3. C d R à la 3. c. d s F.	P d C d R 2 c.
4. F d R à la 4. c. d F d s D.	P d C d R 1. c.
5. C d R à la 4. c. d R n.	D don. éch. à la 4. c. d l T d R bl.
6. R à la c. d s F.	C d R à la 3. c. d s T.
7. P d l D 2. c.	P d l D 1. c.
8. C d R à la 3. c. d s D.	P d R 1. c. à la 3. c. d F d R bl.
9. P d C d R 1. c.	D don. éch. à la 3. c. d l T d R bl.
10. R à sa c.	D à la 4. c. d l T d s R.
11. C d R à la 4. c. d F d s R.	D don. éch. à l. 4. c. d s T.
12. * F d l D cou. à la 2. c. d s D.	D à la 3. c. d s C.
13. C d R à la 4. c. d l D n.	D pr. le p. d l D bl.

BLANC.	NOIR.
14. F d R à la 3. c. d s D.	D à la 4. c. d s F, pour conserver les deux T.
15. F d l D à la 3. c. d s R.	D don. éch. à l. 4 c. d s T.
16. P d C d l D 2. c. couvre.	D à la 4. c. d l T d l D bl.
17 F d R don. éch. à la 4. c. d C d l D n.	D pr. l F d R bl.
18. C d R pr. le p, d F d l D n. et don. éch.	R à la c. d s D.
19. C pr. l D n., et gagnera.	

---

* Défense de ce coup.

BLANC.	NOIR.
12. F d l D cou. à la 2. c. d s D.	D à la 4. c. d l T d l D bl.
13. † C d l D à la 3. c. d s T.	P d F d l D 1. c.
14. C d R à la 4. c. d l D n.	P d C d l D 2. c.
15. P d C d l D 1. c.	D pr. l C d l D bl.
16. F d l D à la 4. c. d C d s D dessus l D n	D à la 2. c. d C d l D bl.
17. T d l D à la c. d C d s D dessus l D n.	D pr. le p. d l T d l D bl.
18. T d l D à la c. dessus l D n.	D à la 2. c. d C d l D bl.
19. F d l D à la 3. c. dessus l D n.	D pr. l T d l D bl.
20. D pr. l D n.	P d F d l D pr. l C bl.
21. F d R pr. le p. n., à la 4. c. d l D n.	C d l D à la 2. c. d s D.
22. F d R pr. l T d l D n., et g.	

† Défense de ce coup.

BLANC.	NOIR.
13. C d l D à la 3. c. d s T.	D à sa 2. c.
14. C d R à la 4. c. d l D n.	F d R à la 2. c. d C d s R.
15. F d l D pr. l C d R n.	F pr. l F d l D bl.
16. C d R don. éch. à la 3. c. d F d R n.	R à la c. d s F.
17. C pr. l D n., et gagnera.	

Troisième Manière de jouer.

BLANC.	NOIR.
1. P d R 2. c.	De même.
2. P d F d R 2. c.	P d R pr. l. p. d F d R bl.
3. C d R à la 3. c. d s F.	P d C d R 2. c
4. F d R à la 4. c. d F d s D.	F d R à la 2. c. d C d s R.
5. P d l D 2. c.	P d l D 1. c.
6. C d l D à la 3. c. d s F.	P d F d l D 1. c.
7. P d l T d R 2. c.	P d l T d R 1. c.
8. P pr. le p. n.	P pr. le p. bl.
9. T pr. l T n.	F d R pr. l T bl.
10. C d R à la 4. c. d R n.	P d l D pr. l C bl.
11. D à la 4. c. d l T d R n.	D à la 3. c. d F d s R.
12. P d l D pr. le p. n.	D à la 2. c. d C d s R.
13. P 1. c. à la 3. c. d R n.	C d R à la 3. c. d s F.
14. * P pr. le p. d F d R n. et don. éch.	R à la c. d s F.

BLANC.	NOIR.
14. F d l D pr. le p. d R n. à la 4. c. d F d s R.	C d R pr. l D bl.
15. F d l D don. éch. et m. à la 3. c. d l D n.	

---

* Défense de ce coup.

BLANC.	NOIR.
14. P pr. le p. d F d R n., et don. éch.	R à sa 2. c.
15. D à la 2. c. d s R.	F d l D à la 3. c. d s R.
16. F d R pr. l F d l D n.	R pr. l F bl.
17. D don. éch. à la 4. c. d s F.	R à sa 2. c.
18. D don. éch. à la 4. c. d s C.	R pr. le p. bl.
19. D pr. le p. d C d l D n., et don. éch.	C d l D cou. à la 2. c. d s D.
20. D pr. l T d l D n., et gag.	

---

* Autre défense du même coup.

BLANC.	NOIR.
14. P pr. le p. d F d R n., et don. éch.	R à la c. d s D.
15. D pr. le p. d C d R n. à la 4. c. d C d R n.	D pr. l D bl.
16. P 1. c. fait D nouvelle, et don. éch.	R à la 2. c. d s D.
17. D pr. l F d R n.	D pr. le p. d C d R bl.
18. D pr. l C d R n.	P 1. c. à l. 3. c. d F d R bl.
19. D don. éch. à la 2. c. d F d R n.	R à la 3. c. d s D.

BLANC.	NOIR.
20. F d l D don. éch. à la 4. c. d F d s R.	R à la 4. c. d F d s D.
21. † C don. éch. à la 4. c. d l T d s D.	R à la 4. c. d l D bl.
22. P d F d l D 1. c. et don. éch.	R pr. le p. d R bl.
23. C don. éch. et m. à la 4. c. d F d l D n.	

---

† Défense de ce coup.

BLANC.	NOIR.
21. C don. éch. à la 4. c. d l T d s D.	R à la 4. c. d C d l D bl.
22. F d l D don. éch. à la 2. c. d s D.	R pr. l C bl.
23. P d C d l D 1. c. et don. éch.	R à la 3. c. d l T d l D bl.
24. D don. éch. à la 2. c. d R n.	R à la 2. c. d C d l D bl.
25. ¶ D don. éch. à la 4. c. d R n.	R pr le p. d F d l D bl.
26. T don. éch. et m. à la c. d F d s D.	

¶ Défense de ce coup.

BLANC.	NOIR.
25. D don. éch. à l. 4. c. d R n.	R à la 3. c. d l T d l D bl.
26. F d l D don. éch. à sa c.	R à la 4. c. d C d l D bl.
27. P d F d l D 1. c. , et don. éch. et m.	

Quatrième Manière de jouer.

BLANC.	NOIR.
1. P d R 2. c.	De même.
2. P d F d R 2. c.	P pr. le p. bl.
3. C d R à la 3. c. d s F.	P d C d R 2. c.
4. P d l T d R 2. c.	P d C d R à la 4. c. d C d R bl.
5. C à la 4. c. d R n.	P d l T d R à sa 4. c.
6. F d R à la 4. c. d F d l D.	C d R à la 3. c. d s T.
7. P d l D à sa 4. c.	F d R à la 2. c. d s R.
8. F d l D pr. le p. n., à la 4. c. d F d s R.	F d R pr. le p. bl. à la 4. c. d l T d R bl., et don. éch.
9. P d C d R 1. c. couvre.	F d R à la 4. c. d s C.
10. T d R pr. le p. n. à la 4. c. d l T n.	F d R pr. l F bl.
11. P pr. l F n. à la 4. c. d F d s R.	P d l D 1. c.
12. C d R pr. le p. à sa 4. c.	F d l D pr. l C bl.
13. D pr. l F.	C pr. l D.
14. T pr. l T et don. éch.	R à sa 2. c.
15. T pr. l D.	R pr. l T.
16. F pr. le p. à la 2. c. d F d R n.	C d l D à la 3. c. d s F.
17. P d F d l D 1. c.	R à sa 2. c.
18. F à la 3. c. d C d s D.	C d R à la 3. c. d R bl.
19. R à la 2. c. d s F.	C d R don. éch. à la 4. c. d C d R bl.
20. R à la 3. c. d s F, et gag.	

Cinquième Manière de jouer.

BLANC.	NOIR.
1. P d R 2. c.	De même.
2. P d F d R 2. c.	P d R pr. le p. d F d R bl.
3. C d R à la 3. c. d s F.	P d l T d R 1. c.
4. F d R à la 4. c. d F d s D.	P d C d R 2. c.
5. P d l T d R 2. c.	P d l T d R 1. c.
6. C d R pr. le p. d C d R n.	P d F d R pr. l C d R bl.
7 D don. éch. à la 4. c. d l T d R n.	R à sa 2. c.
8. D don. éch. à la 2. c. d F d R n.	R à la 3. c. d s D.
9. D don. éch. à la 4. c. d l D n.	R à sa 2. c.
10. D don. éch. et m. à la 4. c. d R n.	

Sixième Manière de jouer.

BLANC.	NOIR.
1. P d R 2. c.	De même.
2. P d F d R 2. c.	P d R pr. le p. d F d R bl.
3. C d R à la 3. c. d s F.	P d l T d R 1. c.
4. F d R à la 4. c. d F d s D.	P d C d R 2. c.
5. P d l T d R 2. c.	P d F d R 1. c.
6. C d R pr. le p. d C d R n.	D à la 2. c. d s R.
7 D don. éch. à la 4. c. d l T d R n.	R à la c. d s D.

BLANC.	NOIR.
8. C don. éch. à la 2. c. d F d R n.	R à sa c.
9. C d R pr. l T d R n., et don. éch. d s D.	R à la c. d s D.
10. C don. éch. à la 2. c. d F d R n.	R à sa c.
11. C pr. le p. d l T d R n., et don. éch. d s D.	R à la c. d s D.
12. C pr. l C d R n. et gag.	

Septième Manière de jouer.

BLANC.	NOIR.
1. P d R 2. c.	De même.
2. P d F d R 2. c.	P d R pr. le p. d F d R bl.
3. C d R à la 3. c. d s F.	P d l T d R 1. c.
4. F d R à la 4. c. d F d s D.	P d C d R 2. c.
5. P d l T d R 2. c.	P d C d R 1. c.
6. C d R à la 4. c. d R n.	T d R à sa 2. c.
7. P d l D 2. c.	P d l D 1. c.
8. C d R à la 3. c. d s D.	P 1. c. à la 3. c. d F d R bl.
9. P d C d R 1. c.	D à la 2. c. d s R.
10. C d R à la 4. c. d s F.	D pr. le p. d R bl., et don. éch.
11. R à la 2. c. d s F.	D à la 3. c. d s F.
12. D à sa 3. c.	T à la 2. c. d C d s R.
13. F d R à la 4. c. d C d R n. dessus l D n., prendra l D n.	

Huitième Manière de jouer.

BLANC.	NOIR.
1. P d R 2. c.	De même.
2. P d F d R 2. c.	P d R pr. le p. bl.
3. C d R à la 3. c. d s F.	C d R à la 2. d s R.
4. P d l T d R 2. c.	P d l T d R 2. c.
5. F d R à la 4. c. d F d s D.	C d R à sa 3. c.
6. C d R à la 4. c. u C d R n.	C d R à la 4 c. d s R.
7. F d R à la 3. c. d C d s D.	P d F d R 1. c.
8. * C d R à la 3. c. d s T.	C d R à sa 3. c.
9. P d l D 2. c.	C d R pr. le p. d l T d R bl.
10. C d R pr. le p. n., à la 4. c. d F d s R.	P d C d R 2. c.
11. T pr. l C d R n.	P pr. l T bl.
12. C d R à la 3. c d C d R n	T d R à sa 2. c.
13. F d R à la c. d C d R n.	T d R à la 2. c. d s C.
14. D pr. le p. n., à la 4. c. d l T d R n.	T pr. l F d R bl.
15. C à la 4. c. d R n., et don. éch. d s D.	R à sa 2. c.
16. D don. éch. à la 2. c. d F d R n.	R à la 3. c. d s D.
17. C don. éch. à la 4. c. d F d s D.	R à la 3. c. d F d s D.
18. D don. éch. et m. à la 4. c. d l D n.	

* **Défense de ce coup.**

BLANC.	NOIR.
8. C d R à la 3. c. d s T.	P d C d R 2. c.
9. P pr. le p. n.	P pr. le p. bl.
10. P d l D 2. c.	C d R à la 2. d s F.
11. P d C d R 1. c.	P pr. le p. bl.
12. F d R pr. l C d R n., et don. éch.	R pr. l F d R bl.
13. C d R pr. le p. n., et don. éch.	R à la 3. c. d s C.
14. D à la 3 c. d F d s R.	D à la 3. c. d F d s R.
15. D pr. le p. n., à la 3. c. d C d s R.	P d l D 1. c.
16. † C d R à la 3. c. d R n., et don. éch. d s D.	R à la 2. c. d s F.
17. T à la c. d F d s R et prendra l D n.	

---

† **Défense de ce coup.**

BLANC.	NOIR.
16. C d R à la 3. c. d R n., et don. éch. d s D.	R à la 2. c. d s T.
17. T pr. le p. n. et don. éch.	F d R couvre.
18. T pr. l F d R n., et donne éch.	D pr. l T bl.
19. F pr. l D n., et après donnera mat forcé.	

Neuvième Manière de jouer.

BLANC.	NOIR.
1. P d R 2. c.	De même.
2. P d F d R 2. c.	P d R pr. le p. d F d R bl.
3. C d R à la 3. c. d s F.	C d R à la 2. c. d s R.
4. P d l T d R 2. c.	P d l T d R 2. c.
5. F d R à la 4. c. d F d s D.	C d R à sa 3. c.
6. C d R à la 4. c. d C d R n.	C d R à la 4. c. d s R.
7. F d R à la 3. c. d C d s D.	P d F d R 1. c.
8. C d R à la 3. c. d s T.	P d C d R 2. c.
9. P d l T d R pr. le p. n.	P pr. le p. bl.
10. P d l D 2. c.	C d R à la 2. c. d F d s R.
11. P d C d R 1. c.	P pr. le p. d C d R bl.
12. F d R pr. l C d R n., et don. éch.	R pr. l F bl.
13. C pr. le p. n., et donne éch. à la 4. c. d C d R n.	R à sa c.
14. * T pr. le p. n. à la 4. c. d l T d R n.	T pr. l T bl.
15. D pr. l T n., et don. éch.	R à sa 2. c.
16. D don. éch. à la 2. c. d F d R n.	R à la 3. c. d s D.
17. D à la 4. c. d l D n., et don. éch.	R à sa 2. c.
18. D don. éch. et m. à la 4. c. d R. n.	

* Défense de ce coup.

BLANC.	NOIR.
14. T pr. le p. n., à la 4. c. d l T d R n.	T à la c. d C d s R.
15. T à la 2. c. d l T d R n.	D à la 3. c. d F d s R.
16. D don. éch. à la 4. c. d l T R n.	D couv à la 3. c. d C d s R.
17. F d l D à la 4. c. d F d s R.	D pr. l D bl.
18. T pr. l D n.	F d R à la 2. c. d s R.
19. C d l D à la 2. c. d s D.	C d l D à la 3. c. d s F.
20. P d F d l D 1. c.	P d l D 1. c.
21. C d R à la 3. c. d s T.	F d l D à la 4. c. d C d R bl.
22. T à la 2. c. d l T d R n.	F pr. l C d R bl.
23. T pr. l F d l D n.	P 1. c. à la 2. c. d C d R bl.
24. R à la 2. c. d s F.	R à la 2. c. d s D.
25. T à la c. d C d s R.	T d l D à la c. d F d s R.
26. T à la 3. c. d F d s R.	F d R don. éch. à la 4. c. d l T d R bl.
27. R à sa 2. c.	R à la c. d s D.
28. F à la 3. c. d s R.	T pr. l T bl.
29. C pr. l T n.	F à la 3. c. d F d s R.
30. R à la 2. c. d s F.	T à la c. d s R.
31. C à la 2. c. d s D.	T à la c. d C d s R.
32. T pr. le p. n.	T pr. l T bl., et donne éch.
33. R pr. l T n., et gagnera.	

Dixième Manière de jouer.

BLANC.	NOIR.
1. P d R 2. c.	De même.
2. P d F d R 2. c.	P d R pr. le p. bl.
3. C d R à la 3. c. d s F.	C d R à la 2. c. d s R.
4. P d l T d R 2. c.	P d l T d R 2. c.
5. F d R à la 4. c. d F d s D.	C d R à sa 3. c.
6. C d R à la 4. c. d C d R n.	C d R à la 4. c. d s R.
7. F d R à la 3. c. d C d s D.	P d F d R 1. c.
8. C d R à la 3. c. d s T.	P d C d R 2. c.
9. P d l T d R pr. le p. n.	P pr. le p. bl.
10. P d l D 2. c.	C d R à sa 3. c.
11. P d C d R 1. c.	P pr. le p. d C d R bl.
12. C pr. le p. n. à la 4. c. d C d R n.	P 1. c. à la 2. c. d C d R bl.
13. F d R don. éch. à la 2. c. d F d R n.	R à sa 2. c.
14. T à la c. d C d s R.	C d R à la 4. c. d l T d R bl.
15. F d R pr. le p. n. à la 4. c. d l T d R n.	F d R à la 2. c. d C d s R.
16. D à la 4. c. d C d s R.	F d R pr. le p. d l D bl.
17. D pr. l C d R n., à la 4. c. d l T d s R.	T d R pr. l F d R bl.
18. D pr. l T d R n.	F d R pr. l T d R bl.
19. D don. éch. à la 2. c. d F d R n.	R à la 3. c. d s D.
20. D don. éch. à la 4. c. d l D n.	R à sa 2. c.
21. D don. éch. à la 4. c. d R n.	R à la c. d s F.

BLANC.	NOIR.
22. D don. éch. à la c. d 1 T d R n.	R à sa 2. c.
23. D don- éch. à la 2. c. d C d R n.	R à la 3. c. d s D.
24 C d R , don. éch. à la 2. c. d F d R n., prendra l D n., et gagnera.	

Onzième Manière de jouer.

BLANC.	NOIR.
1. P d R 2. c.	De même.
2. P d F d R 2. c.	P d R pr. le p. d F d R bl.
3. C d R à la 3. c. d s F.	P d C d R 2.
4. F d R à la 4. c. d F d s D.	P d C d R 1. c.
5. F d R pr. le p. d F d R n., et don. éch.	R pr. l F d R bl.
6. C don. éch. à l. 4. c. d R n.	R à sa 3. c.
7. D pr. le p. n., et donne éch. à la 4. c. d C d s R.	R pr. l C d R bl.
8. D don. éch. à la 4. c. d F d R n.	R à la 3. c. d s D.
9. P d l D 2. c.	F d R à la 2. c. d C d s R.
10. F d l D pr. le p. n., et don. éch. à la 4. c. d F d s R.	R à sa 2. c.
11. F d l D don. éch. à la 4. c. d C d R n.	F d R couvre à sa 3. c.
12. P d R 1. c.	F d R pr. l F bl.
13. D pr. l F n., et don. éch. à la 4. c. d C d R n.	R à sa c.

BLANC.	NOIR.
14. D don. éch. à la 4. c. d l T d R n.	R à sa 2. c.
15. R saute.	D à la c. d s R.
16. D don. éch. à la 4. c. d C d R n.	R à sa 3. c.
17. T don. éch. à la 3. c. d F d R n.	C pr. l T d R bl.
18. D pr. l C n., et don éch. à la 3. c. d F d R n.	R à la 4. c. d s D.
19. C d l D don. éch. à la 3. c. d s F.	R pr. le p. bl. à la 4. c. d l D bl.
20. D don. éch. à la 4. c. d F d s R.	R à la 4. c. d F d s D.
21. P d C d l D 2. c. et donne éch.	R à la 3. c. d F d s D.
22. D don. éch. à la 4. c. d s F.	R à la 3. c. d C d s D.
23. C d l D don. éch. et m. à la 4. c. d l T d s D.	

Douzième Manière de jouer.

BLANC.	NOIR.
1. P d R 2. c.	De même.
2. P d F d R 2. c.	P d l D 2. c.
3. P d R pr. le p. d l D n.	D pr. le p. bl.
4. C d l D à la 3. c. d s F.	D à la 3. c. d s R.
5. C d R à la 3. c. d s F.	P pr. le p. bl., et don. éch. d s D.
6. R à la 2. c. d s F.	F d R don. éch. à la 4. c. d F d s D.
7. P d l D 2. c. couvre.	F d R à la 3. c. d s D.

BLANC.	NOIR.
8. * F d R don. éch. à la 4. c. d C d l D n.	R à la c. d s F ou à la c. d s D.
9. T à la c. d s R. dessus l D n.	D à la 4. c. d F d s R.
10. T don. éch. et m. à la c. d R n.	

* Défense de ce coup.

BLANC.	NOIR.
8. F d R don. éch. à la 4. c. d C d l D n.	P d F d l D 1. c. cou.
9. T à la c. d s R, dessus l D n., et la prendra.	

Treizième Manière de jouer.

BLANC.	NOIR.
1. P d R 2. c.	De même.
2. P d F d R 2. c.	P d R pr. le p. bl.
3. F d R à la 4. c. d F d s D.	D don. éch. à la 4. c. d l T d R bl.
4. R à la c. d s F.	F d R à la 4. c. d F d s D.
5. P d l D 2. c. couvre.	F d R à la 3. c. d C d s D.
6. C d R à la 3. c. d s F.	D à la 4. c. d C d R bl.
7. * F d R pr. le p. d F d R n., et don. éch.	R pr. l F d R bl.
8. C d R don. éch. à la 4. c. d R n.	R à la c. d s F.
9. C pr. l D n., et gag.	

* Défense de ce coup.

BLANC.	NOIR.
7. F d R pr. le p. d F d R n. et don. éch.	R à la c. d s F.
8. P d l T d R 1. c.	D à la 3. c. d C d R bl.
9. C d l D à la 3. c. d s F.	R pr. l F d R bl.
10. C d l D à la 2. c. d s R, dessus l D n.	D à la 3. c. d C d s R.
11. C d R don. éch. à la 4. c. d R n.	R à la c. d s F.
12. C pr. l D n., et don. éch. et gagnera.	

Quatorzième Manière de jouer.

BLANC.	NOIR.
1. P d R 2. c.	De même.
2. P d F d R 2. c.	P d R pr. le p. d F d R bl.
3. F d R à la 4. c. d F d s D.	D don. éch. à la 4. c. d l T d R bl.
4. R à la c. d s F.	F d R à la 4. c. d F d s D.
5. P d l D 2 c.	F d R à la 3. c. d C d s D.
6. *C d R à la 3. c. d s F.	D à la 3. c. d l T d s R.
7. P d C d R 1. c.	D don. éch. à la 3. c. d l T d R bl.
8. R à la 2. c. d s F.	P pr. le p. bl., et donne éch.
9. P pr. le p. n.	D à la 4. c. d C d R bl.
10. F d R pr. le p. d F d R n., et don. éch.	R à la c. d s F.
11. T d R à sa 4. c. dessus l D n., et gagnera.	

* Défense de ce coup.

BLANC.	NOIR.
6. C d R à la 3. c. d s F.	D à la 3. c. d F d s R.
7. P d R 1. c.	D à la 4. c. d F d s R.
8. F d R à la 3. c. d s D.	D à la 4. c. d C d R bl.
9. P d l T d R 1. c.	D à la 3. c. d C d R bl.
10. F d l D à la 2. c. d s D.	C d l D à la 3. c. d s F.
11. F d l D à la c. d s R, dessus l D n., et gagnera.	

* Autre défense du même coup.

BLANC.	NOIR.
6. C d R à la 3. c. d s F.	D à la 3. c. d l T d s R.
7. C d R à la 4. c. d R n.	P d l D 2. c.
8. F d R pr. le p. d l D n.	F d l D à la 3. c. d s R.
9. F d R pr. le p. d C d l D n., prendra l T d l D n. et gagnera.	

Quinzième Manière de jouer.

BLANC.	NOIR.
1. P d R 2. c.	De même.
2. P d F d R 2. c.	P d R pr. le p. bl.
3. F d R à la 4. c. d F d s D.	D don. éch. à la 4. c. d l T d R bl.
4. R à la c. d s F.	F d R à la 4. c. d F d s D.

8 *

BLANC.	NOIR.
5. P d l D 2. c.	F d R à la 3. c. d C d s D.
6. C d R à la 3. c. d s F.	D à la 2. c d s R.
7. F d l D pr. le p. n., à la 4. c. d F d s R.	D pr. le p. d R bl.
8. F d R pr. le p. d F d R n., et don. éch.	R à la c. d s F
9. F d l D à la 3. c. d C d s R.	C d R à la 3. c. d s T.
10. C d l D à la 3. c. d s F.	D à la 2. c. d s R.
11. F d R à la 3. c. d C d s D.	P d F d l D 1. c.
12. D à sa 3. c.	P d l D 2. c.
13. T d l D à la c. d s R.	D à la 2. c. d F d s R.
14. F d l D don. éch. à la 3. c. d l D n.	R à la c. d s C.
15. T à la 2. c. d R n.	D à la 3. c. d F d s R.
16. *C d l D pr. le p. d l D n.	D pr. l F d l D bl. à sa 3. c.
17. C don. éch. double à la 3. c. d F d R n.	R à la c. d s F.
18. T don. éch. et m. à la c. d R n.	

---

* Défense de ce coup.

BLANC.	NOIR.
16. C d l D pr. le p. d l D n.	P pr. l C d l D bl.
17. † F d R pr. le p. n., et don. éch.	C d R cou. à la 2. c. d F d s R.
18. T don. éch. et m. à la c. d R n.	

† **Deſense de ce coup.**

BLANC.	NOIR.
17. F d R pr. le p. n., et don. éch.	R à la c. d s F.
18. T don. éch. à la 2. c. d F d R n.	R à sa c.
19. T pr. l D n.	P pr. l T bl.
20. D don. éch. à la 3. c. d s R.	R à la c. d s D.
21. D don. éch. et m. à la 2. c. d R n.	

Seizième Manière de jouer.

BLANC.	NOIR.
1. P d R 2. c.	De même.
2. P d F d R 2. c.	P d R pr. le p. d F d R bl.
3. F d R à la 4 c. d F d s D.	D don. éch. à la 4 c. d l T d R n.
4. R à la c. d s F.	F d R à la 4. c. d F d s D.
5. P d l D 2. c.	F d R à la 3. c. d C d s D.
6. C d R à la 3. c. d s F.	D à la 2. c. d s R.
7. F d l D pr. le p. n., à la 4. c. d F d s R.	D pr. le p. d R bl.
8. F d R pr. le p. d F d R n. et don. éch.	R à la c. d s F.
9. F d l D à la 3. c. d C d s R.	C d R à la 3. c. d s T.
10. C d l D à la 3. c. d s F.	D à la 2. c. d s R.
11. F d R à la 3. c. d C d s D.	P d F d l D 1. c.
12. D à sa 3. c.	P d l D 2. c.

BLANC.	NOIR.
13. T d l D à la c. d s R.	D à la 3. c. d F d s R.
14. F d l D à la 4. c. d l T d s R.	D à la 3. c. d C d s R.
15. F d l D don. éch. à la 2. c. d R n.	R à la c. d s C.
16. D pr. l D n.	P d l T d R pr. l D bl.
17. C d l D pr. le p. d l D n.	P pr. l C d l D bl.
18. * F pr. le p. n., et donne éch. à la 4. c. d l D n.	R à la 2. c. d s T.
19. C d R don. éch. et m. à la 4. c. d C d R n.	

* Défense de ce coup.

BLANC.	NOIR.
18. F pr. le p. n., et donne éch. à la 4. c. d l D n.	C d R couv. à la 2. c. d F d s R.
19. C d R à la 4. c. d C d R n.	T à sa 4. c.
20. F d R pr. l C d R n., et don. éch.	R à la c. d s T.
21. F d R pr. le p. n. à la 3. c. d C d R n.	T à la 4. c. d l T d R n.
22. C d R don. éch. à la 2. c. d F d R n.	R à la c. d s C.
23. F d l D pr. l T n. et gag.	

Dix-septième Manière de jouer.

BLANC.	NOIR.
1. P d R 2. c.	De même.
2. P d F d R 2. c.	P d R pr. le p. bl.

BLANC.	NOIR.
3. F d R à la 4. c. d F d s D.	D don. éch. à la 4. c. d l T d R bl.
4. R à la c. d s F.	P d l D 1. c.
5. C d R à la 3 c. d s F.	F d l D à la 4. c. d C d R bl.
6. P d l D 2. c.	D à la 3. c. d l T d s R.
7. P d C d R 1. c.	D don. éch. à la 3. c. d l T d R bl.
8. R à la 2. c. d s F.	P pr. le p. bl., et donne éch.
9. P pr. le p. n.	F d l D pr. l C d R bl.
10. F d R pr. le p. d F d R n. et don. éch.	R à la c. d s D.
11. D pr. l F d l D n.	D à sa 2. c.
12. T d R pr. le p. d l T d R n.	T d R pr. l T d R bl.
13. F d R pr. l C d R n.	T d R don. éch. à la 2. c. d l T d R bl.
14. *R à la c. d s C	T d R pr. le p. d F d l D bl.
15. D pr. l F d R n., et don. éch.	D cou. à la c. d s R.
16. F d l D don. éch. à la 4. c. d C d R n.	R à la 2. c. d s D.
17. F d R à la 3. c. d R n., et don. éch	D pr. l F d R bl.
18. D don. éch. à la c. d l D n.	R à la 3. c. d F d s D.
19. P d l D 1. c. et don. éch.	D pr. le p. bl.
20. P pr. l D n., et don. éch.	R pr. le p. bl.
21. C d l D don. éch. à la 3. c. d F d s D.	R à sa 4. c.
22. D don. éch. à la c. d R n.	R à la 4. c. d l D bl.
23. D don. éch. à la 4. c. d s R, et gagnera.	

* Défense de ce coup.

BLANC.	NOIR.
14. R à la c. d s C.	T d R à sa c.
15. D pr. l F d R n., et don. éch.	D cou. à la c. d s R.
16. F d l D don. éch. à la 4. c. d C d R n.	R à la 2. c. d s D.
17. D pr. le p. d C d R n., et don. éch.	R à la 3. c. d F d s D.
18. D pr. l T d R n.	C d l D à la 2. c. d s D.
19. F d R don. éch. à la 4. c. d l D n.	R à la 3. e. d C d s D.
20. D pr. l D n.	T pr. l D bl.
21. C d l D à la 2. c. d s D et g.	

* Autre défense du même coup.

BLANC.	NOIR.
14. R à la c. d s C.	D à la 3. c. d l T d R bl
15. D pr. l F d R n., et don. éch.	R à la 2. c. d s D.
16. D don. éch. à la 2. c. d F d R n.	R à la 3. c. d F d s D.
17. D don. éch., à la 4. c. d s F.	R à la 2. c. d s D.
18. F d R don. éch. à la 3. c. d R n.	D pr. l F d R bl.
19. D pr. l D n., et don. éch.	R pr. l D bl.
20. R pr. l T n., et gagnera.	

Dix-huitième Manière de jouer.

BLANC.	NOIR.
1. P d R 2. c.	De même.
2. P d F d R 2. c.	P d R pr. le p. bl.
3. F d R à la 4. c. d F d s D.	D don. éch. à la 4. c. d l T d R bl.
4. R à la c. d s F.	P d l D 1. c.
5. C d R à la 3. c. d s F.	F d l d à la 4. c. d C d R bl.
6. * P d l D 2. c.	D à la 3. c. d F d s R.
7. P d R 1. c.	D à la 3. c. d l T d s R.
8. P d C d R 1. c.	D don. éch. à la 3. c. d l T d R bl.
9. R à la 2. c. d s F.	P pr. le p. bl., et donne éch.
10. P pr. le p. n.	F d l D pr. l C d R bl.
11. D pr. l F d l D n.	D à sa 2. c.
12. D pr. le p. d C d l D n.	D à la 3. c. d s F.
13. F d R à la 4. c. d C d l D n., dessus l D n., il la prendra et gagnera.	

---

* Défense de ce coup.

BLANC.	NOIR.
6. P d l D 2. c.	D à la 3. c. d F d s R.
7. P d R 1. c.	P pr. le p. bl.
8. P pr. le p. n.	F d l D pr. l C d R bl.
9. D pr. l F d l D n.	D pr. le p. bl.
10. D pr. l. p. d C d l D n. et g.	

Dix neuvième Manière de jouer.

BLANC.	NOIR.
1. P d R 2. c.	De même.
2. P d F d R 2. c.	P d R pr. le p. d F d R bl.
3. F d R à la 4. c. d F d s D.	D don. éch. à la 4. c. d l T d R bl.
4. R à la c. d s F.	P d l D 1. c.
5. C d R à la 3. c. d s F.	F d l D à la 4. c. d C d R bl.
6. P d l D 2. c.	D à la 3. c. d F d s R.
7. P d R 1. c.	P pr. le p. bl.
8. P pr. le p. n.	D pr. le p. bl.
9. C d R pr. l D n.	F d l D pr. l D bl.
10. C d R pr. le p. d F d R n.	C d R à la 3. c. d l T d s R.
11. C pr. l T n.	P d C d R 1. c.
12. F d l D pr. le p. n., à la 4. c. d F d s R.	F d R à la 2. c. d C d s R.
13. P d F d l D 1. c.	C d R à la 4. c. d F d s R.
14 C d R à la 2. c. d F d R n. et gagnera.	

Vingtième Manière de jouer.

BLANC.	NOIR.
1. P d R 2. c.	De même.
2. P d F d R 2. c.	P d R pr. le p. bl.

BLANC.	NOIR.
3. F d R à la 4. c. d F d s D.	D don. éch. à la 4. c. d l T d R bl.
4. R à la c. d s F.	P d l D 1. c.
5. C d R à la 3. c. d s F.	F d l D à la 4. c. d C d R bl.
6. P d l D 2. c.	D à la 3. c. d l T d s R.
7. P d C d R 1. c.	P d C d R 2. c.
8. P d l T d R 2. c.	P d F d R 1. c.
9. P d s R 1. c.	P d l D pr. le p. bl.
10. P pr. le p. n.	P pr. le p. bl.
11. D à la 4. c. d l D n.	F d l D pr. l C d R bl.
12. D pr. l F d l D n.	P d F d l D 1. c.
13. P d l T d R pr. le p. d C d R n.	D pr. le p. bl.
14. P d C d R pr. le p. n.	P pr. le p. bl.
15. F d l D pr. le p. n.	D à la 3. c. d F d s R.
16. C d l D à la 3. c. d s F.	F d R à la 3. c. d l T d s R.
17. *T d l D don. éch. à la c. d s R.	R à la c. d s F.
18. F d l D pr. l F d R n., et don. éch. à la 3. c. d l T d R n.	C pr. l F d l D bl.
19. D pr. l D n., et don. éch. et m. à la 3. c. d F d R n.	

---

* Défense de ce coup.

BLANC.	NOIR.
17. T d l D don. éch. à la c. d s R.	R à la c. d s D.
18. T pr. l F d R n.	C pr. l T d R bl.

BLANC.	NOIR.
19. F d l D don. éch. à la 2. c. d F d l D n.	R pr. l F d l D bl.
20. D pr. l D n., et gagnera.	

Vingt et unième Manière de jouer.

BLANC.	NOIR.
1. P d R 2. c.	De même.
2. P d F d R 2. c.	P d R pr. le p. bl.
3. F d R à la 4. c. d F d s D.	D don. éch à la 4. c. d l T d R bl.
4. R à la c. d s F.	P d l D 1. c.
5. C d R à la 3. c. d s F.	F d l D à la 4 c. d C d R bl.
6. P d l D 2. c.	D à la 3. c. d l T d s R.
7. P d C d R 1. c.	P d C d R 2. c.
8. P d l T d R 2. c.	P d F d R 1. c.
9. P d R 1. c.	P pr. le p. bl.
10. P pr. le p. n.	P pr. le p. bl.
11. D à la 4. c. d l D n.	F d l D pr. l C d R bl.
12. D pr. l F d l D n.	P d F d l D 1. c.
13. P d l T d R pr. le p. d C d R n.	D pr. le p. bl.
14. P d C d R pr. le p. n.	P pr. le p. bl.
15. F d l D pr. le p. n.	D à la 3. c. d F d s R.
16. * C d l D à la 3. c. d s F.	F d R à la 3. c. d l T d s R.
17. T don. éch. à la c. d s R.	R à la 2. c. d s D.
18. D don. éch. à sa 3. c.	R à la c. d F d s D.
19. T don. éch. et m. à la c. d R n.	

* Défense de ce coup.

BLANC.	NOIR.
16. C d l D à la 3. c. d s F.	F d R à la 3. d s D.
17. † T d l D à la c. d s R, et don. éch.	R à la c. d s D ou à la 2. c. d s D.
18. T à la c. d s D, prendra l F n., et gagnera.	

† Défense de ce coup.

BLANC.	NOIR.
17. T don. éch. à la c. d s R.	C d R couv. à la 2. c. d s R.
18. C d l D à la 4. c. d s R.	D pr. l F d l D bl.
19. C pr. l F d R n., et don. éch.	D pr. l C bl.
20. T d R à la 3. c. d l T d R n.	D pr. l T d R bl.
21. D don. éch. à la 2. c. d F d R n.	R à la c. d s D.
22. D pr. l C n., et don. éch. à la 2. c. d R n.	R à la c. d F d s D.
23. F d R don. éch. à la 3. c. d R n.	C d l D couv. à la 2 c. d s D.
24. D pr. l C d l D n., et don. éch.	R à la c. d C d s D.
25. D don. éch. et m. à la 3. c. d l D n.	

Vingt-deuxième Manière de jouer.

BLANC.	NOIR.
1. P d R 2. c.	De même.
2. P d F d R 2. c.	P d R pr. le p. d F d R bl.
3. F d R à la 4. c. d F d s D.	D don. éch. à la 4. c. d l T d R bl.
4. R à la c. d s F.	P d l D 1. c.
5. C d R à la 3. c. d s F.	F d l D à la 4. c. d C d R bl.
6. P d l D 2. c.	D à la 3. c. d l T d s R.
7. P d C d R 1. c.	P d C d R 2. c.
8. P d l T d R 2. c.	P d F d R 1. c.
9. P d R 1. c.	P pr. le p. bl.
10. P pr. le p. n.	P pr. le p. bl.
11. D à la 4. c. d l D n.	F d l D pr. l C d R bl.
12. D pr. l F d l D n.	P d F d l D 1. c.
13. P d l T d R pr. le p. d C d R n.	D pr. le p. bl.
14. P d C d R pr. le p. n.	P pr. le p. bl.
15. F d l D pr. le p. n.	D à la 3. c. d F d s R.
16. * C d l D à la 3. c. d s F.	F d R à la 3. c. d s D.
17. T d l D don. éch. à la c. d s R.	C d R couv. à la 2. c. d s R.
18. C d l D à la 4. c. d s R.	D pr. l F d l D bl.
19. C pr. l F d R n., et donne éch.	D pr. l C bl.
20. T d R à la 3. c. d l T n.	D à sa 2. c.
21. D don. éch. à la 4. c. d l T n.	R à la c. d s D.

BLANC.	NOIR.
22. T d l D à la c. d s D.	C d R à la 4. c. d s D.
23. F pr. l C d R n.	T don. éch. à l. c. d F d s R
24. R à la c. d s C.	D don. éch. à la 2. c. d C d s R.
25. F d R couv. à la 2. c. d C d s R, et don. éch. d l T d s D.	R à la c. d F d s D.
26. D don. éch. à la 3. c. d l T d s R.	C d l D couv. à la 2. c. d s D.
27. T pr. le p. d l T d R n.	D pr. le p. d C d l D bl.
28. D pr. l C d l D n., et don. éch.	R à la c. d C d s D.
29. D don. éch. et m. à la 2. c. d F d l D n.	

---

* Défense de ce coup.

BLANC.	NOIR.
16. C d l D à la 3. c. d s F.	F d R à la 3. c. d s D.
17. T d l D don. éch. à la c. d s R.	F d R couv. à la 2. c. d s R.
18. C d l D à la 4. c. d s R.	D pr. le p. d C d l D bl.
19. † C don éch. à la 3. c. d l D n.	R à la c. d s F.
20. F d l D don. éch. double et mat à la 3. c. d l T d R n.	

---

† Défense de ce coup.

BLANC.	NOIR.
19. C don. éch. à la 3. c. d l D n.	R à la 2. c. d s D.

BLANC.	NOIR.
20. ¶ D don. éch. à la 4. c. d C d s R.	R à la c. d s D.
21. D don. éch. et m. à la c. d F d l D n.	

¶ Défense de ce coup.

BLANC.	NOIR.
20. D don. éch. à la 4. c. d C d s R.	R à la 2. c. d F d s D.
21. C à la c. d F d l D n., et don. éch. d F d s D.	R à la c. d s D.
22. T don. éch. à la c. d s D.	R à sa c.
23. D don. éch. à la 4. c. d l T d R n.	R à la c. d s F.
24. D don. éch. et m. à la 2. c. d F d R n.	

Vingt-troisième Manière de jouer.

BLANC.	NOIR.
1. P d R 2. c.	De même
2. P d F d R 2. c.	P d R pr. le p. bl.
3. F d R à la 4. c. d F d s D.	F d R à la 2. c. d s R.
4. P d l D 2. c.	F d R don. éch. à la 4. c. d l d T d R bl.
5. R à la c. d s F.	P d C d R 2. c.
6. P d C d R 1. c.	P pr. le p. bl.
7. P pr. le p. n.	F d R pr. le p. bl.

BLANC.	NOIR.
8. D à la 4. c. d l T. d R n.	D don. éch. à la 3. c. d F d s R.
9. C d R couv. à la 3. c. d s F.	P d l D 1. c.
10. F d l D pr. le p. n., à la 4. c. d C d R n., dessus l D n.	D à la 3. c. d C d s R.
11. D pr. l D n.	P d F d R pr. l D bl.
12. F d R pr. l C d R n.	T pr. l F d R bl.
13. R à la 2. c. d s C gag.	

Vingt quatrième Manière de jouer.

BLANC.	NOIR.
1. P d R 2. c.	De même.
2. P d F d R 2. c.	P d R pr. le p. d F d R bl
3. C d R à la 3. c. d F d s R.	P d C d R 2. c.
4. F d R à la 4. c. d F d s D.	F d R à la 2. c. d C d s R.
5. P d l T d R 2. c.	P d C d R 1. c.
6. C d R à la 4. c. d C d R n.	C d R à la 3. c. d s T.
7. P d l D 2. c.	P d l D 1. c.
8. F d l D pr. le p. n., à la 4. c. d F d s R.	D à la 2. c. d s R.
9. R saute.	P d F d R 1. c.
10. P d F d l D 1. c.	P d F d R pr. l C d R bl.
11. F d l D pr. le p. n.	D à sa 2. c.
12. De même.	C d R à sa c.
13. * F d R don. éch. à la 2. c. d F d R n.	R à la c. d s F.
14. F d R à la 3. c. d R n., dessus l D n., et donne éch. d l T d s R.	R où il voudra.
15. F pr. l D n., et gagnera.	

* Défense de ce coup.

BLANC.	NOIR.
13. F d R don. éch. à la 2. c. d F d R n.	D pr. l F d R bl.
14. T pr. l D n.	R pr. l T.
15. C d l D à la 3. c. d s T.	C d R à la 2. c. d s R.
16. T don. éch. à l. c. d F d s R	R à sa c.
17. F d l D pr. l C d R n.	R pr. l F d l D bl.
18. † D don. éch. à la 4. c. d C d R n.	R à sa c.
19. D pr. l F d R n., et donnera éch. et m. forcé.	

† Défense de ce coup.

BLANC.	NOIR.
18. D don. éch. à la 4. c. d C d R n.	R à sa 3. c.
19. P d l D 1. c., et don. éch. à la 4. c. d l D n.	R à la 2. c. d s D.
20. T don. éch. à la 2. c. d F d R n.	R à sa c.
21. D don. éch. et m. à la 2. c. d R n.	

Vingt-cinquième Manière de jouer.

BLANC.	NOIR.
1. P d R 2. c.	De même.
2. P d F d R 2. c.	P d R pr. le p. bl.

BLANC.	NOIR.
3. C d R à la 3. c. d s F.	P d C d R 2. c.
4. F d R à la 4. c. d F d l D.	P d F d R 1. c.
5. C d R pr. le p. d C d R n.	P pr. l C d R bl.
6. D don. éch. à la 4. c. d l T d R n.	R à sa 2. c.
7. D pr. le p. n. à la 4. c. d C d R n., et don. éch.	R à sa c.
8. D don. éch. à la 4. c. d l T d R n.	R à sa 2. c.
9. D don. éch. et m. à la 4. c. d R n.	

Vingt-sixième Manière de jouer.

BLANC.	NOIR.
1. P d R 2. c.	De même.
2. P d F d R 2. c.	P pr. le p. bl.
3. F d R à la 4. c. d F d s D.	C d R à la 2. c. d s R.
4. D à la 3. c. d F d s R.	C d R à sa 3. c.
5. P d l D 2. c.	D don. éch. à la 4. c. d l T d R bl.
6. P d C d R 1. c. couv.	P pr. le p. bl.
7. F d R pr. le p. d F d R n., et don. éch.	R à la c. d s D.
8. P pr. le p. n. à la 3. c. d C d s R.	D à la 3. c. d F d s R.
9. D pr. l D bl.	P d C d R pr. l D bl.
10. F d R pr. l C d R n., et g.	

Vingt-septième Manière de jouer.

BLANC.	NOIR.
1. P d R 2. c.	De même.
2. P d F d R 2. c.	P d R pr. le p. bl.
3 C d R à la 3. c. d s F.	P d C d R 2. c
4. F d R à la 4. c. d F d s D.	P d C d R 1. c.
5. C d R à la 4. c. d R n.	D don. éch. à la 4. c. d l T d R bl.
6. R à la c. d s F.	C d R à la 3. c. d s F.
7. F d R pr. le p. d F d R n., et don. éch.	R à la c. d s D.
8. P d l D 2. c.	C pr. le p. d R bl.
9. D à la 2. c. d s R.	C don. éch. à la 3. c. d C d R bl.
10. P d l T d R pr. l C d R n.	D pr. l T d R bl. et don. éch.
11. R à la 2. c. d s F.	P pr. le p. bl., et don. éch. à la 3. c. d C d R bl.
12. R pr. le p. n.	D pr. l F d l D bl.
13. C d R don. éch. à la 3. c. d F d l D n.	C ou le p. pr. l C d R bl.
14. D don. éch. et m. à la c. d R n.	

Vingt-huitième Manière de jouer.

BLANC.	NOIR.
1. P d R 2. c.	De même.
2. P d F d R 2. c.	F d R à la 4. c. d F d s D.

BLANC.	NOIR.
3. C d R à la 3. c. d s F.	P d l D 1. c.
4. P d F d l D 1. c.	D à la 2. c. d s R.
5. P d l D 2. c.	P d R pr. le p. d l D bl.
6. P pr. le p. n.	D pr. le p. d R bl. , et don. éch.
7. R à la 2. c. d s F.	F d R à la 4. c. d C d l D bl.
8. P d l T d l D 1. c.	F d R à la 4. c. d l T d s D.
9. P d C d l D 2. c.	F d R à la 3. c. d C d s D.
10. * F d R don. éch. à la 4. c. d C d l D n.	R à la c. d s F ou à la c. d s D.
11. T d R à la c. d s R dessus l D n.	D à la 4. c. d F d s R.
12. T don. éch. et m. à la c. d R n.	

---

* Défense de ce coup.

BLANC.	NOIR.
10. F d R don. éch. à la 4. c. d C d l D n.	P d F d l D 1. c. couv.
11. T d R à la c. d s R, dessus l D n. et la prendra.	

Vingt-neuvième Manière de jouer.

BLANC.	NOIR.
1. P d R 2. c.	De même.
2. F d R à la 4. c. d F d s D.	De même.

BLANC.	NOIR.
3. D à la 2. c. d s R.	De même.
4. P d F d R 2. c.	F d R pr. 1 C d R bl.
5. T pr. 1 F d R n.	P d R pr. le p. d F d R bl.
6. P d l D 2. c.	D don. éch. à la 4. c. d 1 T d R bl.
7. P d C d R 1. c.	P pr. le p. d C d R bl.
8. T pr. le p. n.	C d R à la 3. c. d s F.
9 C d l D à la 3. c. d s F.	C d R à la 4. c. d s T.
10. F d R pr. le p. d F d R n. et don. éch.	R pr. l F d R bl.
11. F d l D à la 4. c. d C d R n.	C d R pr. 1 T d R bl.
12. D don. éch. à la 3. c. d F d s R.	R à la 3. c. d s C.
13. F d l D pr. 1 D n.	C d R à la 4. c. d 1 T d s R
14. D don. éch. à la 4. c. d F d R n.	R à la 3. c. d s T.
15. D don. éch. et m. à la 4. c. d C d R n.	

Trentième Manière de jouer.

BLANC.	NOIR.
1. P d R 2. c.	De même.
2. F d R à la 4. c. d F d s D.	De même.
3. D à la 2. c. d s R.	De même.
4. P d F d R 2. c.	P d R pr. le p. bl.
5. C d R à la 3. c. d s F.	P d C d R 2. c.
6 P d l T d R 2. c.	P d F d R 1. c.
7. P d l T d R pr. le p. n.	P pr. le p. bl.

BLANC.	NOIR.
8. C d l D à la 3. c. d s F.	P d F d l D 1. c.
9. P d l D 2. c.	P d F d R 1. c. à la 4. c. c. d C d R bl.
10. C d R à la 4. c. d l T d s R.	F d R pr. le p. d l D bl.
11. C d R à la 4. c. d F d R n.	F d R pr. l C d l D bl., et don. éch.
12. P pr. l F d R n.	D à la 3. c. d F d s R.
13. F d l D pr. le p. n., à la 4. c. d F d s R.	D pr. le p. bl., et don. éch. à la 3. c. d F d l D bl.
14. R à la 2. c. d s F.	P d C d l D 2. c.
15. F d R à la 3. c. d C d s D.	P d l T d l D 2. c.
16. C d R don. éch. à la 3. c. d l D n.	R à la c. d s D.
17. D pr. le p. n., à la 4. c. d C d s R.	C d R à la 2. c. d s R.
18. C don. éch. à la 2. c. d F d R n.	R à sa c.
19. D à la 4. c. d l T d R n.	D don. éch. à la 4. c. d l D bl.
20. R à la 3. d s F.	D don. éch. à la 3. c. d F d l D bl.
21. R à sa 2. c.	T d R à la c. d F d s R.
22. C don. éch. double à la 3. c. d l D n.	R à la c. d s D.
23. D don. éch. à la c. d R n.	T pr. l D bl.
24. C don. éch. et m. à la 2. c. d F d R n.	

Trente et unième Manière de jouer.

BLANC.	NOIR.
1. P d R 2. c.	De même.
2. F d R à la 4. c. d F d s D.	De même.
3. D à la 2. c. d s R.	De même.
4. P d F d R 2. c.	P d R pr. le p. bl.
5. C d R à la 3. c. d s F.	P d C d R 2. c.
6. P d l D 2. c.	F d R don. éch. à la 4. c. d C d l D bl.
7. P d F d l D 1. c. couv.	F d R à l. 4. c. d l T d s D.
8. *P d l T d R 2. c.	P d F d R 1. c.
9. P d l T d R pr. le p. d C d R n.	P pr. le p. bl.
10. P d C d R 1. c.	P 1. c. à la 4. c. d C d R bl.
11. C d R à la 4. c. d R n.	P 1. c. à la 3. c. d F d R bl.
12. D à la 3. c. d s R.	C d R à la 3. c. d s F.
13. C d R à la 3. c. d C d R n.	D à la 2. c. d C d s R.
14. C d R pr. l T d R n.	D pr. l C d R bl.
15. P d R 1. c.	C d R à sa c.
16. D à la 4. c. d C d R n.	C d R à la 2. c. d s R.
17. D don. éch à la 4. c. d l T d R n.	R à la c. d s D.
18. D pr. le p. d l T d R n.	D pr. l D bl.
19. T pr. l D n.	P d l D 1. c.
20. P d R 1. c. à la 3. c. d R n.	P d l D 1. c.
21. T don. éch. à la c. d l T d R n.	C d R couv. à sa c.

BLANC.	NOIR.
22. F d l D don. éch. à la 4. c. d C d R n.	R à sa c.
23. T pr. l C n. , et don. éch. et mat.	

---

* Défense de ce coup.

BLANC.	NOIR.
8. P d l T d R 2. c.	P d C d R 1. c. à la 4. c. d C d R bl
9. C d R à la 4. c. d C d R n.	C d R à la 3. c. d s T.
10. F d l D pr. le p. n. , à la 4. c. d F d s R.	P d F d R 1. c.
11. R saute.	P pr. l C d R bl.
12. F pr. le p. bl.	D à la 2. c. d C d s R.
13. D à la 3. c. d s R.	C d s R à sa c.
14. T d R à la 2. c. d F d R n.	D à la 3. c. d C d s R.
15. D à la 4. c. d F d s R.	P d l D 1. c.
16. T don. éch. à la c. d F d R n.	R à la 2. c. d s D.
17. F d R à la 2. c. d F d R n.	D à la 2. c. d C d s R.
18. F d R don. éch. à la c. d R n.	R à sa 3. c.
19. P d l D 1. c. don. éch. et m.	

Trente-deuxième Manière de jouer.

BLANC.	NOIR.
1. P d R 2. c.	De même.
2. F d R à la 4. c. d F d s D.	De même.

BLANC.	NOIR.
3. D à la 2. c. d s R.	De même.
4. P d F d R 2. c.	P d R pr. le p. bl.
5. C d R à la 3. c. d s F.	C d R à la 3. c. d s F.
6. P d l D 2. c.	F d R don. éch. à la 4. c. d C d l D bl.
7. P d F d l D 1. c. couv.	F d R à la 4. c. d l T d s D.
8. P d R 1. c.	C d R à la 4. c. d l T d s R.
9. R saute.	R saute.
10. C d R à la c. d s R.	D à la 4. c. d l T d R bl.
11. C d R à la 3. c. d s D.	P d C d R 2. c.
12. C d l D à la 2. c. d s D.	P d F d l D 1. c.
13. * C d l D à la 4. c. d s R.	R à la c. d s T.
14. C d l D à la 3. c. d l D n.	C d l D à la 3. c. d l T d s D.
15. C d l D à la 4. c. d F d R n., prendra l D n. et g.	

---

* Défense de ce coup.

BLANC.	NOIR.
13. C d l D à la 4. c. d s R.	P d C d l D 2. c.
14. F d R à la 3. c. d C d s D.	F d R à la 2. c. d F d s D.
15. D pr. l C d R n.	D pr. l D bl.
16. C d l D don. éch. à la 3. c. d F d R n.	R à la 2. c. d s C.
17. C pr. l D n., et gag.	

* Autre défense du même coup.

BLANC.	NOIR.
13. C d l D à la 4. c. d s R.	C d R à sa 2. c.
14. C d R pr. le p. n. à la 4. c. d F d s R.	P pr l C d R bl.
15. T pr. le p. n.	D à la 2. c. d s R.
16. C d l D don. éch. à la 3. c. d F d R n.	R à la c. d s T.
17. D à la 4. c. d s R donnera m. forcé à la 2. c. d l T d R n., ou prendra l D n.	

Trente-Troisième Manière de jouer.

BLANC.	NOIR.
1. P d R 2. c.	De même.
2. F d R à la 4. c. d F d s D.	C d R à la 3. c. d s F.
3. P d F d R 2. c.	C d R pr. le p. d R bl.
4. C d R à la 3. c. d s F.	P d R pr. le p. d F d R bl.
5. R saute.	F d R don. éch. à la 4. c. d F d s D.
6. P d l D 2. c. couvre.	F d R à la 3. c. d C d s D.
7. T d R à la c. d s R.	P d F d R 2. c.
8. C d l D à la 3. c. d s F.	D à la 2. c. d s R.
9. F d R à la 4. c. d l D n.	P d F d l D 1. c.
10. F d R pr. l C d R n.	D à la 3. c. d F d s R.
11. F d R pr. le p. n. à la 4. c. d F d R n., et donne éch. d l T.	R à la c. d s D.

BLANC.	NOIR.
12. C d l D à la 4. c. d s R.	D à la 3. c. d l T d s R.
13. P d C d R 1. c.	C d l D à la 3. c. d s T.
14. C à la 3. c. d l D n.	D pr. l C d l D bl.
15. C d R à la 4. c. d R n.	D à la 3. c. d F d s R.
16. D à la 4. c. d l T d R n.	P d C d R 1. c.
17. F d R pr. le p. d C d R n.	P d l T d R pr. l F d R bl.
18. D pr. l T d R n., et don. éch.	D pr. l D bl.
19. C don. éch. à la 2. c. d F d R n.	R à la 2. c. d F d s D.
20. F d l D don. éch. à la 4. c. d F d s R.	P d l D 1. c. couv.
21. F d l D pr. le p. n., et don. éch. à la 3. c. d l D n.	R à la 2. c. d s D.
22. T don. éch. et m. à la 2. c. d R n.	

Trente Quatrième Manière de jouer.

BLANC.	NOIR.
1. P d R 2. c.	De même.
2. P d F d R 2. c.	C d R à la 3. c. d s F.
3. C d l à la 3. c. d s F.	P d R pr. le p. d F d R bl.
4. P d l D 2. c.	F d R à la 3. c. d C d l D bl.
5. F d R à la 3. c. d s D.	D à la 2. c. d s R.
6. D à la 2. c. d s R.	C d l D à la 3. c. d s F.
7. * P d R 1. c.	C d l D pr. le p. d l D bl.
8. P pr. l C d R n.	C pr. l D bl.

BLANC.	NOIR.
9. P pr. l D n.	C d l D pr. l C d l D bl.
10. P d l T d l D 1. c.	F d R à la 4. c. d l T d s D.
11. F d l D à la 2. c. d s D , g.	

---

* Défense de ce coup.

BLANC.	NOIR.
7. P d R 1. c.	C d R à la 4. c. d s D.
8. F d l D à la 2. c. d s D.	C d l D pr. le p. bl. à la 4. c. d l D bl.
9. C d l D pr. l C d R n.	D don. éch. à la 4. c. d l T d R bl.
10. P d C d R 1. c. couv.	P pr. le p. bl.
11. D à la 2. c. d C d s R.	P pr. le p. bl. , et donne éch. d s D.
12. R à la c. d s F.	P pr. l C d R bl. , fait D nouvelle et don. éch.
13. D pr. l D nouvelle.	D à sa c.
14. D pr. le p. d C d R n.	T d R à la c. d s F.
15. C don. éch. à la 3. c. d F d R n.	R à sa 2. c.
16. F d l D pr. l F d R n. , et don. éch.	P d l D 1. c. couv.
17. P pr. le p. n., et don. éch.	P pr. le p. bl.
18. C don. éch. à la 4. c. d l D n.	R à sa c.
19. D pr. l C n. à sa 4. c.	F d l D à la 3. c. d s R.
20. F d R don. éch. à la 4. c. d C d l D n.	F d l D couv. à la 2. c. d s D.
21. D don. éch. à la 4. c. d s R.	D couv. à la 2. c. d s R.
22. D pr. l D n., et don. éch. et mat.	

Trente-cinquième Manière de jouer

(le noir jouant le premier).

NOIR.	BLANC.
1. P d R 2. c.	De même.
2. P d F d R 2. c.	P d R pr. le p. d F d R n.
3. C d R à la 3. c. d s F.	P d C d R 2. c.
4. F d R à la 4. c. d F d s D.	P d C d R 1. c.
5. C d R à la 4. c. d R bl.	D don. éch. à la 4. c. d l T d R n.
6. R à la c. d s F.	C d R à la 3. c. d s F.
7. C d R pr. le p. d F d R bl.	P d l D 2. c.
8. F d R pr. le p. d l D bl.	C d R pr. l F d l D n.
9. C d R pr. l T d R bl.	C d R à la 3. c. d s F.
10. P d R 1. c.	C d R à la 4. c. d R n.
11. D à la 2. c. d s R.	C don. éch. à la 3. c. d C d R n
12. P d l T d R pr. l C d R bl.	D pr. l T d R n. et don. éch.
13. R à la 2. c. d s F.	F d R don. éch. à la 4. c. d F d s D et gag.

Trente Sixième Manière de jouer.

(le noir jouant le premier).

NOIR.	BLANC.
1. P d R 2. c.	De même.
2. P d F d R 2. c.	P d R pr. le p. n.

NOIR.	BLANC.
3. C d R à la 3. c. d s F.	P d C d R 2. c.
4. F d R à la 4. c. d F d s D.	P d C d R 1. c.
5. C d R à la 4. c. d R bl.	D don. éch. à la 4. c. d l T d R n.
6. R à la c. d s F.	C d R à la 3. c. d s F.
7. F d R pr. le p. d F d R bl. et don. éch.	R à la c. d's D.
8. F d R à la 3. c. d C d s D.	C d R à la 4. c. d l T d s R.
9. C d R don. éch. à la 2. c. d F d R bl.	R à sa c.
10. C d R pr. l T d R bl.	* C d R don. éch. à la 3. c. d C d R n.
11. P d l T d R pr. l C d R bl.	D pr. l T d R bl. , et don. éch.
12. R à sa 2. c.	P 1. c. et don. éch. à la 3. c. d F d R n.
13. P pr. le p. bl.	P pr. le p. n. , et donne éch.
14. R à la 2. c. d s F.	D pr. l D n. et gag.

* Défense de ce coup.

BLANC.	NOIR.
10. C d R don. éch. à la 3. c. d C d R n.	R à la c. d s C.
11. F d R don. éch. à la 4. c. d F d s D.	P d l D 2. c. couv.
12. F d R pr. le p. d l D n., et don. éch.	D pr. le p. d R bl.
13. C d R don. éch. à la 2. c. d R n.	R à la c. d s F.
14. C pr. l D n., et gag.	

Trente-septième Manière de jouer.

(le noir jouant le premier).

NOIR.	BLANC.
1. P d R 2. c.	De même.
2. P d F d R 2. c.	P d R pr. le p. d F d R n.
3. C d R à la 3. c. d s F.	P d C d R 2. c.
4. F d R à la 4. c. d F d s D.	P d C d R 1. c.
5. C d R à la 4. c. d R bl.	C d R à la 3. c. d s T.
6. C d R pr. le p. bl. à sa 4. c.	D don. éch. à la 4. c. d l T d R n.
7. C d R couv. à la 2. c. d F d s R.	P d l D 2. c.
8. F d R pr. le p. d l D bl.	F d l D à la 4. c. d C d R n., prendra l D n. et gag.

Trente-huitième Manière de jouer.

(le noir jouant le premier).

NOIR.	BLANC.
1. P d R 2. c.	De même.
2. P d F d R 2. c.	P d R pr. le p. n.
3. C d R à la 3. c. d s F.	P d C d R 2. c.
4. F d R à la 4. c. d F d s D.	P d C d R 1. c.
5. C d R à la 4. c. d R bl.	C d R à la 3. c. d s T.
6. C d R pr. le p. d C d R bl.	D don. éch. à la 4. c. d l T d R n.
7. C d R couv. à la 2. c. d F d s R.	P d l D 2. c.

NOIR.	BLANC.
8. P d R pr. le p. d l D bl.	P d R 1. c. à la 3. c. d F d R n.
9. F d R don. éch. à la 4. c. d C d l D bl.	P d F d l D 1. c. couv.
10. P pr. le p. d F d l D bl.	D don. éch. à la 2. c. d s R.
11. R à la c. d s F.	P pr. le p. d C d R n., et don. éch.
12. R pr. le p. bl.	D don. éch. à la 4. c. d C d s R.
13. R à la c. d s F.	D pr. l F d R n., et don. éch.
14. P d l D 1. c. couvre.	C pr. le p. n., et gag.

Trente-neuvième Manière de jouer.

(le noir jouant le premier .

NOIR.	BLANC.
1. P d R 2. c.	De même.
2. P d F d R 2. c.	P d R pr. le p. n.
3. C d R à la 3. c. d s F.	P d C d R 2. c.
4. F d R à la 4. c. d F d s D.	P d C d R 1. c.
5. C d R à la 4. c. d R bl.	C d R à la 3. c. d s T.
6. C d R pr. le p. d C d R bl.	C pr. l C d R n.
7. D pr. l C d R bl.	P d l D 2. c.
8. D pr. le p. bl. à la 4. c. d F d s R.	P pr. l F d R n.
9. D don. éch. à la 4. c. d R bl.	F d l D couv. à la 3. c. d s R.

NOIR.	BLANC.
10. D pr. l T d R bl.	D don. éch. à la 4. c. d l T d R n.
11. R à la c. d s F.	D don. éch. à la 4. c. d F d R n.
12. R à la c. d s C.	D pr. le p. n. à la 4. c. d R n.
13. P d l T d R ı. c.	F d l D à la 4. c. d s D.
14. D à la c. d C d R bl.	P d F d R 2. c.
ı5. D à la 3. c. d C d s R.	P d F d R 1. c.
ı6. D à la 3. c. d F d s R.	D don. éch. à l. c. d R n.
17. D couv. à la c. d F d s R.	F d R don. éch. à la 4. c. d F d s D.
ı8. R à la 2. c. d s T.	D don. éch. et m. à la 3. c. d C d R n.

Quarantième Manière de jouer.

(le noir jouant le premier).

NOIR.	BLANC.
1. P d R 2. c.	De même.
2. C d R à la 3. c. d s F.	P d F d R 2. c.
3. C d R pr. le p. d R bl.	D à la 2. c. d s R.
4. D don. éch. à le 4. c. d l T d R bl.	P d C d R ı. c. couv.
5. C d R pr. le p. d C d R bl.	* D pr. le p. d R n., et don. éch.
6. R à la c. d s D.	C d R à la 3. c. d s F.
7. D à la 3. c. d l T d s R.	P d l T d R pr. l C d R n.
8. D pr. l T d R bl.	C d R à la 4. c. d C d R n.

NOIR.	BLANC.
9. D à la 4. c. d l T d s R.	C don. éch. à la 3. c. d R n.
10. P d l D pr. l C d R bl.	D pr. l D n. , et gag.

---

* Défense de ce coup.

BLANC.	NOIR.
5. D pr. le p. d R n. , et don. éch.	F d R couv. à la 2. c. d s R.
6. C d R à la 3. c. d s F.	D à la 4. c. d l T d s R.
7. D pr. le p. d C d R n.	C pr. l T d R bl.
8. D pr. l T d R n. , et don. éch.	F d R couv. à sa c.
9. D don. éch. à l. 4. c. d R n.	D pr. l D bl.
10. P pr. l D n.	F d R à la 4. c. d F d s D.
11. P d l D 2. c.	F d R don. éch. à la 4. c. d C d l D bl.
12. P d F d l D 1. c. couv.	F d R à la 2. c. d s R.
13. F d R à la 2. c. d C d s R. gagnera.	

Quarante et unième Manière de jouer.

(le noir jouant le premier).

NOIR.	BLANC.
1. P d R 2. c.	De même.
2. C d R à la 3. c. d s F.	P d F d R 2. c.
3. C d R pr. le p. d R bl.	D à la 2. c. d s R.
4. D don. éch. à la 4. c. d l T d R bl.	P d C d R 1. c. couv.

NOIR.	BLANC.
5. C d R pr. le p. d C d R bl.	D pr. le p. d R n. et don. éch.
6. F d R couv. à la 2. c. d s R.	C d R à la 3. c. d s F.
7. D à la 3. c. d l T d s R.	P d l T d R pr. l C d R n.
8. D pr. l T d R bl.	D pr. le p. d C d R n.
9. T à la c. d F d s R.	R à la 2. c. d s F.
10. F d R don. éch. à la 4. c. d F d s D.	P d l D 2. c. couv.
11. F d R à la 2. c. d s R.	C d l D à la 3. c. d s F.
12. P d F d l D 1. c.	F d l D à la 2. c. d s D.
13. P d l D 2. c.	C d l D pr. le p. d l D n.
14. P pr. l C d l D bl.	F d R don. éch. à la 4. c. d C d l D n.
15. F d l D couv. à la 2. c. d s D.	F d R pr. l F d l D n.. et don. éch.
16. C pr. l F d R bl.	T pr. l D n., et gag.

Quarante-deuxième Manière de jouer.

(le noir jouant le premier).

NOIR.	BLANC.
1. P d R 2. c.	De même.
2. C d R à la 3. c. d s F.	P d F d R 2. c.
3. C d R pr. le p. d R bl.	D à la 2. c. d s R.
4. D don. éch. à la 4. c. d l T d R bl.	P d C d R 1. c. couv.
5. C d R pr. le p. d C d R bl.	D pr. le p. d R n., et don. éch.
6. R à la c. d s D.	C d R à la 3. c. d s F.
7. D à la 3. c. d l T d s R.	P d l T d R pr. l C d R n.

NOIR.	BLANC.
8. D pr. l T d R bl.	C d R à la 4. c. d C d R n.
9. P d l D r. c.	C pr. le p. d F d R n., et don. éch.
10. R à la 2. c. d s D.	* D à la 4. c. d C d R n.
11. F d R à la 2. c. d s R.	† D don. éch. à la 4. c. d F d R n.
12. R à la 3. c. d F d s D.	D don. éch. et m. à la 4. c. d C d l D n.

---

† Deíense de ce coup.

BLANC.	NOIR.
11. D don. éch. à la 4. c. d F d R n.	R à sa c.
12. D pr. l F d l D n., et don. éch.	R pr. l C bl.
13. D pr. l T n., et gagnera.	

---

* Défense de ce coup.

BLANC.	NOIR.
10. D à la 4. c. d C d R n.	T à la c. d C d s R.
11. D don. éch. à la c. d l D n.	R à sa 3. c.
12. C don éch. à la 4. c. d C d R n.	R à la 4. c. d s D.
13. D pr. l F d l D n., et gag.	

* Autre défense du même coup (page 119).

BLANC.	NOIR.
10. D à la 4. c. d C d R n.	D don. éch. à la 4. c. d R bl.
11. R à la 2. c. d s F.	D don. éch. à la 4. c. d l D bl.
12. R à la 2. c. d s C.	D don. éch à la 4. c. d R bl.
13. R à la 2. c. d s T.	T d R à la c. d s C.
14. D don. éch. à la c. d l D n.	R à sa 3. c.
15. C ou l F d R prendra l D n., et gagnera.	

Quarante-troisième Manière de jouer.

(le noir jouant le premier).

NOIR.	BLANC.
1. P d R 2. c.	De même
2. C d R à la 3. c. d s F.	P d F d R 2. c.
3. P d R pr. le p. bl.	P d R 1. c.
4. C d R à la 4. c. d R bl.	C d R à la 3. c. d s F.
5. P d C d R 2. c.	P d l D 1. c.
6. C d R à la 4. c. d F d s D.	P d l T d R 1. c.
7. F d R à la 2. c. d C d s R.	P d l D 1. c.
8. C d R à la 3. c. d s R.	P d l D 1. c.
9. C d R à la 4. c. d F d s D.	P d C d l D 2. c.
10. C d R à la 3. c. d l T d s D.	P d l T d l D 1. c.
11. P d l D 1. c.	F d l D à la 2. c. d s C.
12. P pr. le p. bl.	C d R pr. le p. n.
13. C d l D à la 2. c. d s D.	F d R à la 4. c. d C d l D n.

NOIR.	BLANC.
14. P d F d l D 1. c.	P pr. le p. d F d l D n.
15. C pr. l C d R bl.	P pr. le p. d C d l D n., et don. éch. d F d s R.
16. F d l D couv.	F pr. l F n. et don. éch.
17. C pr. l F bl.	F pr. l F n.
18. T à la c. d C d s R.	P pr. l T d l D n.
19. D pr. le p. bl.	R saute.
20. T pr. l F d l D bl.	D don. éch. à la 2. c. d s R.
21. R à la c. d s F.	D pr. l C à la 3. c. d l T d l D n., et gag.

Quarante-quatrième Manière de jouer.

(le noir jouant le premier).

NOIR.	BLANC.
1. P d R 2. c.	De même.
2. P d F d R 2. c.	De même.
3. P d R pr. le p. bl.	D don. éch. à la 4. c. d l T d R n.
4. P d C d R 1. c. couv.	D à la 2. c. d s R.
5. D don. éch. à la 4. c. d l T d R bl.	R à la c. d s D.
6. P pr. le p. bl. à la 4. c. d R bl.	D pr. le p. n., et donne éch.
7. F d R couv. à l. 4. c. d s R.	C d R à la 3. c. d s F.
8. D à la 3. c. d F d s R.	P d l D 2. c.
9. P d C d R 1. c.	P d l T d R 2. c.
10. P d l T d R 1. c.	P pr. le p. d C d R n.
11. P d l T d R pr. le p. bl.	T pr. l T n.

NOIR.	BLANC.
12. D pr. l T bl.	D don. éch. à la 3. c. d C d R n.
13. R à la c. d s D.	C d R pr. le p. n. à la 4. c. d C d R n.
14. D pr. le p. bl., et donne éch. à la 4. c. d l D bl.	F d l D couv. à la 2. c. d s D.
15. C d R à la 3. c. d s F.	C d R don. éch. à la 2. c. d F d R n.
16. R à sa c.	C don. éch. double à la 3. c. d l D n.
17. R à la c. d s D.	D don. éch. à la c. d R n.
18. C d R pr. l D bl.	C d R don. éch. et m. à la 2. c. d F d R n.

Quarante-cinquième Manière de jouer.

(le noir jouant le premier).

NOIR.	BLANC.
1. P d R 2. c.	De même.
2. F d R à la 4. c. d F d s D.	P d F d R 2. c.
3. F d R pr. l C d R bl.	T d R pr. l F n.
4. D don. éch. à la 4. c. d l T d R bl.	P d C 1. c. couv.
5. D pr. le p. d l T bl.	T à la 2. c. d C d s R.
6. D à la c. d l T d R bl.	D à la 4. c. d C d s R.
7. D à la 3. c. d l T d s R.	P pr. le p. n.
8. C d l D à la 3. c. d s F.	D à la 4. c. d F d s R.
9. D à la 3 c. d s R.	T à la 2. c. d F d s R.
10. C d R à la 3. c. d s T.	P d l D 2. c.
11. C d l D pr. le p. bl.	C d l D à la 3. c. d s F.
12. P d F d l D 1. c.	F d l D à la 3. c. d s R.

NOIR.	BLANC.
13. P d F d l D 1. c.	C d l D à la 4. c. d l D n.
14. D à la 3. c. d s F.	D à la 4. c. d C d R n.
15. R saute.	C don. éch. à la 2. c. d R n., prendra l D n., et gagnera.

Quarante-sixième Manière de jouer

(le blanc commençant par le pion du fou du roi).

BLANC.	NOIR.
1. P d F d R 2. c.	P d R 2. c.
2. P d F pr. le p. d R n.	D don. éch. à la 4. c. d l T d R bl.
3. P d C d R 1. c. couv.	D à la 4. c. d R bl.
4. C d R à la 3. c. d s F.	C d l D à la 3. c. d s F.
5. C d l D à la 3. c. d s F.	D à la 4. c. d F d s R.
6. P d R 2 c.	D à la 3. c. d s R.
7. P d l D 2. c.	D à la 2. c. d s R.
8. F d l D à la 4. c. d C d R n.	D à la 4. c. d C d l D bl.
9. P d l T d l D 1. c.	D pr. le p. d C d l D bl.
10. C d l D à la 4. c. d l T d s D, prendra l D n., et g.	

Quarante-septième Manière de jouer

(le blanc commençant par le pion de la dame).

BLANC.	NOIR.
1. P d l D 2. c.	De même.
2. P d F d l D 2. c.	P d l D pr. le p. d F bl.

BLANC.	NOIR.
3. P d R 1. c.	P d C d l D , 2. c.
4. P d l T d l **D** 2. c.	P d F d l D 1. c.
5. P d l T d l D pr. le p. d C d l D n.	P d F d l D pr. le p. bl.
6. D à la 3. c. d F d s R , prendra l T d l D n.	

Quarante-huitième Manière de jouer.

(le blanc commençant par le pion de la dame).

BLANC.	NOIR.
1. P d l D 2. c.	De même.
2. P d F d l D 2. c.	P d l D pr. le p. bl.
3. P d R 2. c.	P d C d l D 2. c.
4. P d l T d l D 2. c.	P d F d l D 1. c.
5. P d l T d l D pr. le p. d C d l D n.	P pr. le p. d l T d l D bl.
6. P d C d l D 1. c.	P d l T d l D 2. c.
7. P d C d l D pr. le p. n.	P d C d l D 1. c. à la 4. c. d C d l D bl.
8. P d l D 1. c.	P d R 1. c.
9. C d l D à la 2. c. d s D.	P d R pr. le p. bl.
10. P d R pr. le p. n.	F d R à la 4. c. d F d s D.
11. C d l D à sa 3. c.	F d R à la 3. c. d C d s D.
12. P d F d l D 1. c. à la 4. c. d F d l D n.	D don. éch. à la 2 c. d s R.
13. D couv. à la 2. c. d s R.	D pr. l D bl.
14. F d R pr. l D n.	F d R à la c. d s D.
15. F d R don. éch. à la 4. c. d C d l D n.	R à la c. d s F.

BLANC.	NOIR.
16. P d F d l D 1. c. à la 3. c. d F d l D n.	F d R à la 3. c. d C d s D.
17. F d l D à la 3. c. d s R.	F d R pr. l F d l D bl.
18. P d F d R pr. l F n.	C d R à la 3. c. d s F.
19. P d l D 1. c.	P d C d R 1. c.
20. P d l D 1. c. à la 2. c. d l D n.	F d l D pr. le p. bl.
21. P pr. l F d l D n.	C d l D pr. le p. bl.
22. F d R pr. l C n.	C pr. l F d R bl.
23. T pr. le p. d l T d l D n., et gagnera.	

Quarante-neuvième Manière de jouer.

(le blanc commençant par le pion de la Dame).

BLANC.	NOIR.
1. P d l D 2. c.	De même.
2. P d F d l D 2. c.	P d F d l D 2. c.
3. P d l D pr. le p. d F n.	D don. éch. à la 4. c. d s T.
4. D couv. à sa 2. c.	D pr. l D bl.
5. C d l D pr. l D n.	P d l D pr. le p. bl.
6. C pr. le p. n.	P d R 1. c.
7. C d l D don. éch. à la 3. c. d l D n.	F d R pr. l C d l D bl.
8. P pr. l F n.	C d R à la 3. c. d s F.
9. P d F d R 1. c.	R saute.
10. P d R 2. c.	P d R 1. c.
11. P d C d l D 1. c.	T à la c. d s D.

BLANC.	NOIR.
12. F d l D à la 3. c. d l T d s D.	C d R à la c. d s R.
13. T d l D à la c. d s D.	F d l D à la 3. c. d s R.
14. F d R à la 4. c. d F d s D.	F d l D à la 2. c. d s D.
15. P d C d R 1. c.	P d C d l D 2. c.
16. F d R à la 4. c. d l D n.	F d l D à sa 3. c.
17. F d l D à la 4. c. d F d l D n.	F d l D pr. l F d R bl.
18. T pr. l F d l D n.	C d l D à la 2. c. d s D.
19. P d C d l D 1. c.	P d l T d l D 2. c.
20. P d l T d l D 1. c.	P pr. le p. bl.
21. P pr. le p. n.	T don. éch. à la c. d l T d l D bl.
22. R à la 2. c. d s F.	T à la c. d F d l D bl.
23. R à la 2. c. d s C.	C pr. l F d l D bl.
24. P pr. l C n.	P d C d l D 1. c.
25. C d R à la 2. c. d s R.	T d l D à la 2. c. d F d l D bl.
26. R à la 2. c. d s F.	P 1 c. à la 3. c. d C d l D bl.
27. T à la c. d C d s D.	P 1. c. à la 2. c. d C d l D bl.
28. R à sa c.	P d F d R 1. c.
29. R à la c. d s D.	T à la 4. c. d F d l D bl.
30. T pr. le p. n.	R à la 2. c. d s F.
31. T don. éch. à la 2. c. d C d l D n.	R à sa 3. c.

32. T don. éch. et m. à la 2. c. d R n., et si le noir
avait joué s R à la c. d s F, le blanc aurait poussé
son p. 1. c. aurait pris l C n., et aurait gagné.

PLANCHE I.

PREMIÈRE FIN DE PARTIE.
SITUATION DU JEU.

NOIR.

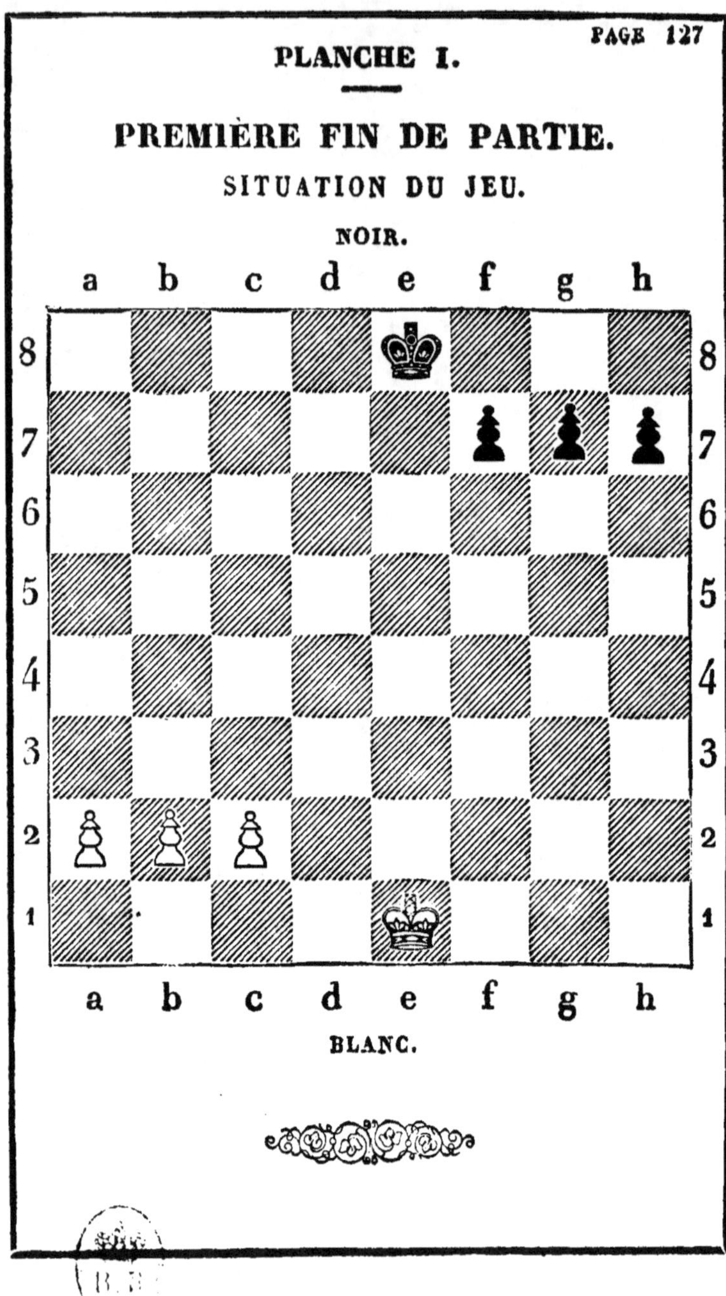

BLANC.

FINS DE PARTIE.

Première fin de partie.

Moyen le plus sûr de faire marcher ses pions et de bien con-
duire son roi à la fin du jeu.

SITUATION DU JEU.

BLANC.	NOIR.
R à sa case.	R à sa case.
P d F d l D à sa case.	P d F d R à sa case.
P d C d l D à sa case.	P d C d R à sa case.
P d l T d l D à sa case.	P d l T d R à sa case.

MANIÈRE DE JOUER.

(Le blanc commençant le premier)

BLANC.	NOIR.
1. P d l T d l D 2. c.	R à la 2. c. d s D.
2. P d l T d l D 1. c. à la 4. c. d l T d l D n.	R à la 3. c. d F d s D.
3. P d F d l D 2. c.	P d l T d R 2. c.
4. P d C d l D 2. c.	P d C d R 2. c.
5. R à la 2. c. d s F.	P d F d R 2. c.
6. R à la 3. c. d s C.	P d l T d R 1. c. et don. éch. à la 4. c. d l T d R bl.
7. R à la 3. c. d s T.	P d F d R 1. c. à la 4. c. d F d R bl.
8. R à la 4. c. d s C.	R à la 2. c. d C d s D.

BLANC.	NOIR.
9. P d C d l D 1. c. à la 4. c. d C d l D n.	R à la 2. c. d F d s D.
10. P d F d l D 1. c. à la 4. c. d F d l D n.	R à la 2. c. d C d s D.
11. P d C d l D ɪ. c. à la 3. c. d C d l D n.	R à la c. d C d s D.
12. P ɪ. c. à la 3. c. d l T d l D n.	R à la c. d l T d s D.
13. P d l T d l D ɪ. c. à la 2. c. d l T d l D n.	R à la 2. c. d C d s D.
14. P d F d l D ɪ. c., et donne éch. à la 3. c. d F d l D n.	R à la c. d l T d s D.
15. P d F d l D 1. c. à la 2. c. d F d l D n.	R à la 2. c. d C d s D.
16. P d l T d l D 1. c. fait D nouvelle, et don. éch.	R pr. l D nouvelle.
17. P d F d l D 1. c. fait D nouvelle et don. éch. et m.	

Seconde fin de partie,

SITUATION DU JEU.

BLANC.	NOIR.
R à la 2. c. d s F.	R à la 2. c. d l T d R bl.
C d R à la c. d C d R n.	P d l T d R à la 3. c. d l T d R bl.
	P d C d R à la 3. c. d C d s R.

MANIÈRE DE JOUER.

(Le blanc jouera le premier, et donnera mat au noir en quatre coups).

BLANC.	NOIR.
ɪ. C d R à la 3. c. d F d R n.	P d C d R ɪ. c. à la 4. c. d C d s R.

PLANCHE II.

—

SECONDE FIN DE PARTIE.

SITUATION DU JEU.

NOIR.

<table>
<tr><td></td><td>a</td><td>b</td><td>c</td><td>d</td><td>e</td><td>f</td><td>g</td><td>h</td><td></td></tr>
<tr><td>8</td><td></td><td></td><td></td><td></td><td></td><td></td><td>♘</td><td></td><td>8</td></tr>
<tr><td>7</td><td></td><td></td><td></td><td></td><td></td><td></td><td></td><td></td><td>7</td></tr>
<tr><td>6</td><td></td><td></td><td></td><td></td><td></td><td></td><td>♟</td><td></td><td>6</td></tr>
<tr><td>5</td><td></td><td></td><td></td><td></td><td></td><td></td><td></td><td></td><td>5</td></tr>
<tr><td>4</td><td></td><td></td><td></td><td></td><td></td><td></td><td></td><td></td><td>4</td></tr>
<tr><td>3</td><td></td><td></td><td></td><td></td><td></td><td></td><td></td><td>♟</td><td>3</td></tr>
<tr><td>2</td><td></td><td></td><td></td><td></td><td></td><td>♔</td><td></td><td>♚</td><td>2</td></tr>
<tr><td>1</td><td></td><td></td><td></td><td></td><td></td><td></td><td></td><td></td><td>1</td></tr>
<tr><td></td><td>a</td><td>b</td><td>c</td><td>d</td><td>e</td><td>f</td><td>g</td><td>h</td><td></td></tr>
</table>

BLANC.

PLANCHE III.

TROISIÈME FIN DE PARTIE.
SITUATION DU JEU.

NOIR.

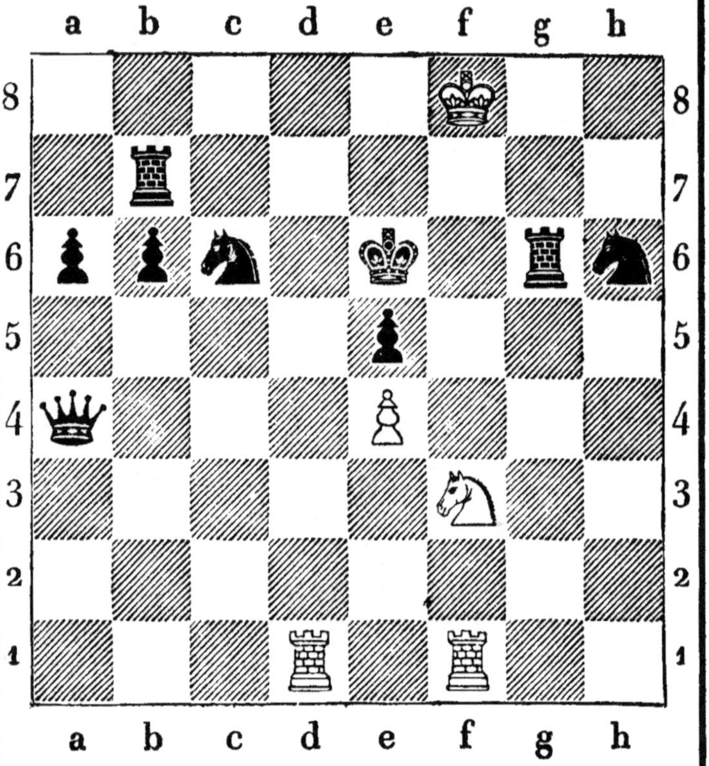

BLANC.

BLANC.	NOIR.
2. C d R don. éch. à la 4. c. d C d s R.	R à la c. d l T d R bl.
3. R à la c. d s F.	P d l T d R 1. c. à la 2. c. d l T d R bl.
4. C d R don. éch. et m. à la 2. c. d F d s R.	

Troisième fin de partie.

SITUATION DU JEU.

BLANC.	Suite du NOIR.
R à la c. d F d R n.	D à la 4. c. d l T d l D bl.
T d l D à la c. d s D.	T d l D à la 2. c. d C d s D.
T d R à la c. d F d s R.	C d l D à la 3. c. d s F.
C d R à la 3. c. d F d s R.	C d R à la 3. c. d l T d s R.
P d R à la 4. c. d s R.	T d R à la 3. c. d C d s R.
NOIR.	P d l T d l D à la 3. c. d l T d s D.
R à sa 3. case.	
P d R à la 4. c. d s R.	P d C d l D à la 3. c. d C d s D.

MANIÈRE DE JOUER.

(Le blanc commencera, et donnera mat au noir en trois coups).

BLANC.	NOIR.
1. C d R don. éch. à la 4. c. d C d R n.	T pr. l C d R bl.
2. T d R don. éch. à la 3. c. d F d R n.	R pr. l T d R bl.
3. T d l D don. éch. et mat à la 3. c. d l D n.	

Quatrième fin de partie.

SITUATION DU JEU.

BLANC.	NOIR.
R à la 4. c. d R n.	R seul à sa 2. case.
T d R à la 4. c. d F d R n.	
T d l D à la 4. c. d l D n.	

MANIÈRE DE JOUER.

(Le blanc jouera le premier, et donnera mat au noir en trois coups, à condition de jouer ses trois pièces l'une après l'autre).

BLANC.	NOIR.
1. T d R à la c. d s F.	R à sa case.
2. R à la 3. c. d F d R n.	R à la case de son F.
3. T d l D don. éch. et mat à la c. d l D n.	

Cinquième fin de partie.

SITUATION DU JEU.

BLANC.	NOIR.
R à la 4. c. d R n.	R à la c. d C d R bl.
D à sa 2. case.	P d F d R à la 2. c. d F d R bl.

PLANCHE IV.

QUATRIÈME FIN DE PARTIE.

SITUATION DU JEU.

NOIR.

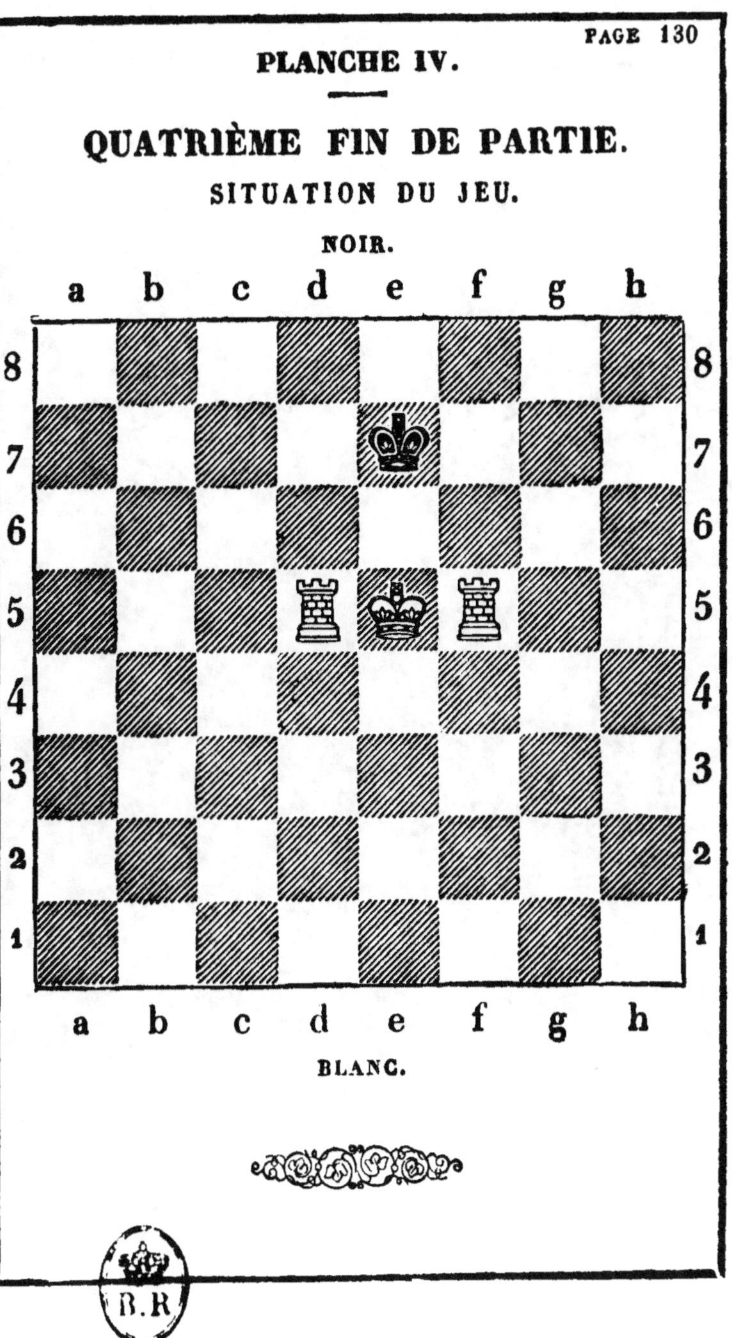

BLANC.

PLANCHE V.

CINQUIEME FIN DE PARTIE.

SITUATION DU JEU.

NOIR.

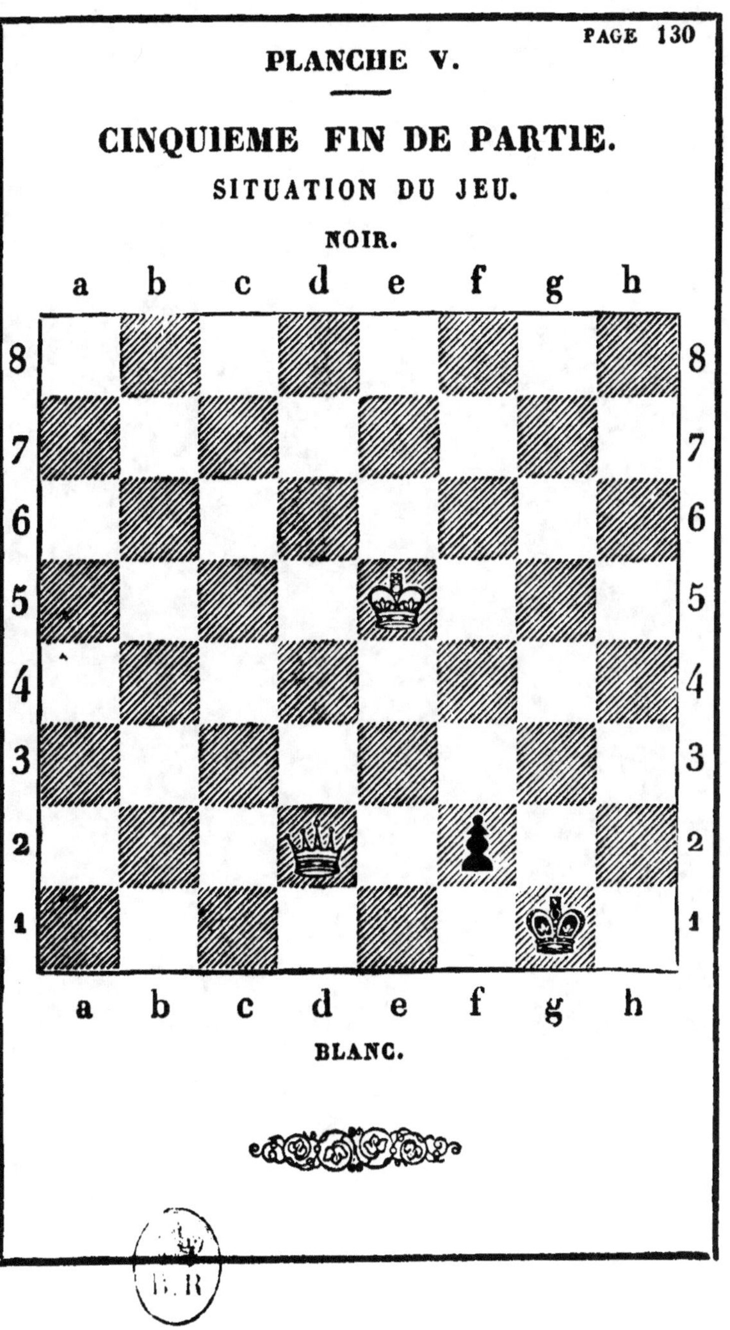

BLANC.

PLANCHE VI.

—

SIXIEME FIN DE PARTIE.

SITUATION DU JEU.

NOIR.

<table>
<tr><td></td><td>a</td><td>b</td><td>c</td><td>d</td><td>e</td><td>f</td><td>g</td><td>h</td><td></td></tr>
<tr><td>8</td><td></td><td></td><td></td><td></td><td></td><td></td><td></td><td></td><td>8</td></tr>
<tr><td>7</td><td></td><td></td><td></td><td></td><td></td><td></td><td></td><td></td><td>7</td></tr>
<tr><td>6</td><td></td><td></td><td></td><td>♘</td><td></td><td>♘</td><td></td><td></td><td>6</td></tr>
<tr><td>5</td><td></td><td></td><td></td><td></td><td>♚</td><td></td><td></td><td></td><td>5</td></tr>
<tr><td>4</td><td></td><td></td><td></td><td>♖</td><td></td><td>♖</td><td></td><td></td><td>4</td></tr>
<tr><td>3</td><td></td><td></td><td></td><td></td><td></td><td></td><td></td><td></td><td>3</td></tr>
<tr><td>2</td><td></td><td></td><td></td><td></td><td></td><td></td><td></td><td></td><td>2</td></tr>
<tr><td>1</td><td></td><td></td><td></td><td></td><td></td><td></td><td></td><td></td><td>1</td></tr>
<tr><td></td><td>a</td><td>b</td><td>c</td><td>d</td><td>e</td><td>f</td><td>g</td><td>h</td><td></td></tr>
</table>

BLANC.

MANIÈRE DE JOUER.

(Le blanc commencera de la façon suivante, parce que s'il jouait autrement, il serait *Pat forcé*).

BLANC.	NOIR.
1. R à la 4. c. d s F.	P 1. c. fait D nouvelle.
2. R à la 3. c. d s C et donnera mat au n. le coup suivant.	

Sixième fin de partie.

SITUATION DU JEU.

NOIR.	Suite du BLANC.
R seul à sa 4. case.	C d l D à la 3. c. d l D n.
BLANC.	C d R à la 3. c. d F d R n.
T d l D à la 4. c. d s D.	
T d R à la 4. c. d F d s R.	

MANIÈRE DE JOUER.

(Le blanc donnera mat au noir en quatre coups).

BLANC.	NOIR.
1. C d l D don. éch. à la 2. c. d F d R n.	R à sa 3. case.
2. C d R à la 2 c. d l T d R n.	R à sa 2. case.
3. C d l D à la 3. c. d l T d R n.	R où il voudra.
4. T d R don. éch. et mat à la 4. c. d s R.	

FIN.

BIBLIOTHÈQUE ROYALE
I